...las

Ein Buch mit vielen
Bildern zu Deinem
"diesjährigen" Lieblings-
thema.

geschenkt von

Deiner Mama,

die sich mit Panzern nicht
anfreunden will und kann,
die Dich aber dennoch unterstützt bei Deinen technischen
Interessen 😊

Stadtbergen, den 22.Oktober 2013

PANZER

Vom Ersten Weltkrieg bis heute

MICHAEL GREEN
James D. Brown
Christophe Vallier

DANKSAGUNG
Außer den in den Bildunterschriften ausgewiesenen Bildautoren gilt ein besonderer Dank den Leitungen folgender Museen, die für diesen Band wertvolle Hilfen geleistet haben: US Army's Patton Museum of Cavalry and Armor, Fort Knox/Kentucky, das Tank Museum Bovington/England, das History Office des TACOM (US Army Tank-Automotive Command).
Von den Persönlichkeiten, die zwar nicht im Text oder in den Bildnachweisen genannt wurden, den Autor aber in besonderer Weise unterstützt haben, sind zu erwähnen: Jacques Littlefield, Randy Talbot, James Warford, Nancy und Dean Kleffman sowie David Fletcher.

Umschlaggestaltung: Digitalstudio Rypka/Thomas Hofer, A-8143 Dobl/Graz
Umschlagfoto Vorderseite: Ullsteinbild

Aus dem amerikanischen Englisch ins Deutsche übertragen von
Dr. Heinrich Walle

Copyright © der amerikanischen Ausgabe: Michael Green, 2008. Titel der amerikanischen Originalausgabe: Tanks. Zuerst erschienen 2008 bei Zenith Press, an imprint of MBI Publishing Company, 400 1st Avenue North, Suite 300, Minneapolis, MN 55401 USA.

Bibliographische Information Der Deutschen Bibliothek
Die Deutsche Bibliothek verzeichnet diese Publikation in der Deutschen Nationalbibliografie; detaillierte bibliografische Daten sind im Internet unter http://dnb.ddb.de abrufbar.

Hinweis:
Dieses Buch wurde auf chlorfrei gebleichtem Papier gedruckt. Die zum Schutz vor Verschmutzung verwendete Einschweißfolie ist aus Polyethylen chlor- und schwefelfrei hergestellt. Diese umweltfreundliche Folie verhält sich grundwasserneutral, ist voll recyclingfähig und verbrennt in Müllverbrennungsanlagen völlig ungiftig.

Auf Wunsch senden wir Ihnen gerne kostenlos unser Verlagsverzeichnis zu:
Ares Verlag GmbH
Hofgasse 5, Postfach 438
A-8011 Graz
Tel.: +43 (0)316/82 16 36
Fax: +43 (0)316/83 56 12
E-Mail: ares-verlag@ares-verlag.com
www.ares-verlag.com

ISBN 978-3-902475-74-9

Alle Rechte der Verbreitung, auch durch Film, Funk und Fernsehen, fotomechanische Wiedergabe, Tonträger jeder Art, auszugsweisen Nachdruck oder Einspeicherung und Rückgewinnung in Datenverarbeitungsanlagen aller Art, sind vorbehalten.

© Copyright by Ares Verlag, Graz 2009

Layout: Digitalstudio Rypka, A-8143 Dobl/Graz

Printed in China

Inhalt

Einführung 8

Britische Panzer 20

Französische Panzer 50

Deutsche Panzer 74

US-amerikanische Panzer 106

Russische Panzer 142

Panzer anderer Nationen 174

Register 192

Frontispiz: Am Rande eines Waldstückes steht ein früherer Leopard I-Panzer der belgischen Armee, der sich nun im Besitz eines Privatsammlers befindet. Anfang 1968 beschaffte die belgische Armee vom deutschen Hersteller 334 Kampfpanzer dieses Typs. (*Christophe Vallier*)

Titelseite: Etwa 10.000 Kampfwagen des Hauptkampfpanzers vom Typ T-72 verblieben in den Beständen der Armee der Russischen Föderation. Hergestellt im Lizenzbau in fünf weiteren Ländern außerhalb Russlands, steht der T-72 bei fast 30 Armeen im Dienst. (*Tank Museum Bovington*)

Einführung

Einführung

Ein Panzer ist ein militärisches Fahrzeug, das Landstreitkräften im Gefecht eine bewegliche, durch Panzerung geschützte Feuerkraft in direkter Feuerunterstützung bietet. *Jeder Panzerentwurf basiert deshalb auf den drei Grundprinzipien: Beweglichkeit, Panzerschutz und Feuerkraft (Kursivhervorhebung = Anm. d. Übers.).* Dies sind, wie gesagt, *Prinzipien*, aber keine *Normen*. Keine zentrale Instanz lässt sich darauf ein, Maßstäbe festzusetzen, wonach Fahrzeuge als Kampfpanzer oder nicht als Kampfpanzer zu bezeichnen sind. Jeder, der Panzer beschaffen will, bewertet die beabsichtigten gegenwärtigen oder zukünftigen militärischen Forderungen, die Taktik, das als Gefechtsfeld in Frage kommende Gelände, die Fähigkeit, einen Panzer herstellen und instand halten zu können, und letztlich, ganz entscheidend, was denn die geplante Panzerwaffe zu leisten hat.

Die praktische Realisierung des Panzers ist jünger als die des Flugzeuges. Bedenkt man die immense Verschiedenheit der Zielsetzungen und Ressourcen der Nationen, so ist es erstaunlich, dass die kurze Entwicklungsphase vor weniger als einem Jahrhundert zu nahezu allgemeingültigen Konstruktionsprinzipien bei unzähligen Panzermodellen in aller Welt geführt hat. Für viele Laien, die nur die allgemein übliche Anordnung eines Kettenfahrzeuges, mit dem Motor im hinteren Teil, einem Geschützturm in der Mitte und dem im Vorderteil platzierten Fahrer erkennen, ist es kaum möglich, die subtilen Einzelheiten der verschiedenen Panzertypen wahrzunehmen.

Der vorliegende Band illustriert den Entwicklungsprozess der bei der Panzerherstellung führenden Nationen. Dieser Vorgang ist zu umfassend, um in einem einzigen Band abgehandelt werden zu können. Es ist jedoch unsere Absicht, sowohl die Leitlinien der Entwürfe aufzuzeigen, die sich im Laufe der Zeit in jedem Land zeigten, als auch aufzuzeigen, das quer durch alle Länder nicht nur eigene Erfahrungen im Panzerbau eine Rolle spielten, sondern die Entwicklung auch von dem bestimmt wurde, was man von Verbündeten oder Gegnern gelernt hatte. Die Geschichte der Entwicklung des modernen Panzers verläuft keineswegs nur auf einer linearen Zeitachse, sondern ist eher ein Webmuster, in dem jeder Entwurf von den frühesten Tagen und erst recht bis zu den modernsten Konstruktionen durch die Geschichte seiner Vorgänger beeinflusst worden ist.

Die folgenden Anmerkungen zu den Gestaltungsprinzipien von Panzern vermitteln eine Richt-

Vorhergehende Doppelseite: Die meisten der britischen Tanks (Panzer), die im Ersten Weltkrieg zum Einsatz kamen, waren mit einer rundum laufenden Kette versehen. Dies sieht man auch an dem schweren Tank Mark V, der dadurch in der Lage sein sollte, breite Schützengräben zu überqueren. *(Tank Museum Bovington)*

schnur, nach der die einzelnen Einträge ausgewertet werden können. Sie versetzen den Leser in die Lage, die Besonderheiten zu erkennen, nach denen sich die jeweiligen Panzermodelle unterscheiden, um dadurch letztlich die jeweiligen nationalen Panzerbaukonzepte erkennen zu können und somit auch die Besonderheiten, die für jeden Panzer einer Nation typisch sind.

Ein idealer Panzer sollte über ein Maß an Beweglichkeit, Panzerschutz und Feuerkraft verfügen, das jedem potentiellen Gegner überlegen ist. In der Realität sind diese Gestaltungsprinzipien eines Entwurfes jedoch oft nicht miteinander in Einklang zu bringen. Das kleinste und leichteste Fahrzeug hat möglicherweise eine optimale Beweglichkeit, während die Panzerung wiederum das Gewicht und die Größe (oft beides) beeinflusst. Feuerkraft setzt eigentlich einen Einsatz der größten und schwersten Waffe mit der wirksamsten Munition auf dem Gefechtsfeld voraus. Das Streben nach einer erfolgreichen Konstruktion beruht nicht allein darauf, wie gut jedes dieser Prinzipien in einem Fahrzeugentwurf verwirklicht werden kann, sondern auch darauf, in welchem Umfang sich aus den Forderungen aller Prinzipien ein Kompromiss erreichen lässt. Von übergeordneter Bedeutung für einen Panzerentwurf sind Zuverlässigkeit, Wartungsfreundlichkeit und Bezahlbarkeit – Eigenschaften, die alle aufeinander abgestimmt sein müssen. Wie auch immer: Bei einem Panzerentwurf wird der Schwerpunkt darauf zu legen sein, sicherzustellen, dass der Kampfwagen dahinkommt, wohin er soll, dass er ein Gefecht so lange durchsteht, dass er

Einige Panzertypen, die im Zweiten Weltkrieg zum Einsatz kamen, hatten ihre schwere Panzerkanone im vorderen Teil der Wanne und leichtere Geschütze in Türmen eingebaut. Ein Beispiel dafür ist der mittelschwere Kampfpanzer der US Army aus der M3-Serie. *(National Archives)*

EINFÜHRUNG

Einfluss auf dessen Entscheidung ausüben kann, und dass er eine so hohe Feuerkraft besitzt, dass sich alle Mühen lohnen.

Die Beweglichkeit eines Panzers muss den Anforderungen dessen, der ihn einsetzt, sowohl in taktischer als auch in strategischer Hinsicht entsprechen. Strategische Beweglichkeit bedeutet, dass ein Panzer überall auf der Welt, wo es notwendig ist, zum Einsatz gebracht werden kann. Die Verlegung eines Panzers kann durch dessen eigene Möglichkeiten erfolgen, öfters jedoch werden andere Transportverfahren genutzt, und zwar über Land oder Meer bzw. mittels Lufttransport. Die Berücksichtigung der Außenabmessungen, des Gesamtgewichtes und des Bodendrucks spielt bei der Frage der strategischen Beweglichkeit eine dominierende Rolle. Sobald die Besonderheiten der Transportmethoden erfasst wurden, werden sie zu Richtlinien, von denen ein Konstrukteur nur mit negativen Konsequenzen abweichen kann. Von höherer Komplexität ist die Frage der taktischen Beweglichkeit, und zwar deshalb, weil das Kampfgelände und die Umweltbedingungen, unter denen ein Panzer zum Einsatz kommen soll, während der Entwicklungsphase kaum vorauszusehen sind oder so allgemein dargestellt werden, dass sie für einen Konstrukteur ohne praktischen Nutzen sind.

Drei Bereiche von unmittelbarer Auswirkung auf die taktische Beweglichkeit eines Panzers sind der Bodendruck, das Leistungsgewicht und die Achsenaufhängung. Beim Bodendruck ist zu berücksichtigen, dass dieser nicht so groß ist, dass der Kampfwagen auf weichem Grund einsackt und stecken bleibt. Als richtiger Lösungsweg bietet sich hier an, das Ausmaß des Bodendrucks zu bestimmen, wenn die Vortriebskraft auf eine möglichst große Fläche verteilt wird. Als Lösung, um den Bodendruck zu minimieren, hat sich bei den Panzerentwürfen fast aller Nationen durchgesetzt, Ketten voll zu belasten, so dass auf jeder Fahrzeugseite fünf bis sieben Laufrollen auf der Kette rollen. Dies geschah nicht, weil es eine Vorschrift gegeben hätte, nach der Panzer Ketten haben müssten, sondern weil das Gewicht eines Panzers über Ketten verteilt wird und das Gewicht auf einer Kette eine größere Fläche einnimmt als auf einem Rad allein. Bei den meisten Panzerentwürfen mit weniger als fünf Laufrollen führte das zu unerwünschten Konzentrationen des Gewichtes auf dem Untergrund, bei solchen mit mehr als sieben Laufrollen mussten ihre Durchmesser so verkleinert werden, dass der Rollwiderstand anwuchs.

Das Leistungsgewicht ist der grundlegende Maßstab dafür, wie hoch der Panzer beschleunigen kann und wie er seine Geschwindigkeit beim Bergauffahren beibehalten kann. Im Gegensatz zu der Darstellung in Hollywood-Filmen, wo Panzer schwerfällige Ungetüme sind, deren schleppende Annäherung dramatische Spannungseffekte verursachen und den Akteuren mehr Zeit für einen Dialog geben, sind moderne Panzer sowohl wendige als auch schnelle Fahrzeuge, deren Fähigkeit, ein Gelände mit hoher Geschwindigkeit zu durchqueren, den Nichtfachmann in Erstaunen versetzt. Ein besonderes Merkmal eines Panzers ist der so genannte Überraschungseffekt im Gefecht, der nicht allein eine Folge seiner betäubenden Feuerkraft ist, sondern auf seiner Fähigkeit beruht, auf dem Gefechtsfeld eingreifen zu können, bevor ein Gegner überhaupt eigene taktische Entschlüsse fassen kann. Geschwindigkeit und Wendigkeit tragen zur Überlebensfähigkeit eines Panzers bei, nicht allein, weil sie ihn dadurch zu einem schwerer erfassbaren Ziel werden lassen, sondern auch, weil sie den gegnerischen Überlegungskreislauf stören und die Zeit zur Entscheidung seiner unmittelbaren Abwehrmaßnahmen verkürzen.

Frühe Panzermodelle waren mit Benzinmotoren ausgerüstet, weil diese damals die leichtesten Antriebsaggregate mit dem höchsten Wirkungsgrad aufwiesen. Auf Grund der technischen Fortentwick-

Ein mittelschwerer Kampfpanzer M4 Sherman ist im Patton Museum of Cavalry and Armor ausgestellt. Fast 50.000 Kampfwagen dieses Typs verließen während des Zweiten Weltkrieges die Fertigungsstätten in den USA. *(Chu Hsu)*

lung von Motoren mit interner Verbrennung wurden Dieselmotoren und Gasturbinen verfügbar. Panzer, die für den Hauptantrieb oder auch nur teilweise mit Gasturbinen ausgerüstet waren, wurden von den USA, Russland und Schweden hergestellt, andere Nationen haben damit experimentiert. Turbinen sind viel leichter und kleiner als Dieselmotoren vergleichbarer Leistungen, aber ihr zwingend hoher Luftverbrauch bezüglich der Menge und Reinheit

der Verbrennungsluft hebt ihre Vorteile wieder auf. Ein Elektroantrieb als Hybridantrieb ist attraktiv, nicht nur unter dem Gesichtspunkt von geringeren Geräusch- und Abgasemissionen, sondern weil die Notwendigkeit eines starken Stromerzeugers an Bord des Panzers auch die Möglichkeit des Einsatzes von Waffen, die elektrisch angetrieben werden, bietet. Allerdings sind die gegenwärtig verfügbaren elektrischen Antriebssysteme sowohl auf Grund ihres Ge-

EINFÜHRUNG

wichts und Volumens als auch wegen ihrer Kosten in absehbarer Zeit keine Alternative zu Dieselmotoren oder Gasturbinen.

Die Auslegung von Systemen der Achsenaufhängung soll den Kampfwagen in die Lage versetzen, beim Fahren Unebenheiten des Bodens verkraften zu können. Eine gute Achsenaufhängung schützt nicht nur die Besatzung vor knochenbrechenden Erschütterungen, sondern schafft eine stabile Waffenplattform und ermöglicht eine kontinuierlich Übertragung der Antriebskräfte zur Fortbewegung über den Boden. Das erfordert nicht nur lange Federwege, sondern auch wirkungsvolle Stoßdämpfer, um die Energie der Stöße zu absorbieren, die das Fahrzeug von den Unebenheiten des Bodens erhält. In den meisten Achsenaufhängungssystemen moderner Panzer werden Drehstabfederungen eingebaut, wobei das eine Ende eines solchen Drehstabes fest an der Gegenseite der Wanne montiert ist und das freie Ende unter dem Wannenboden bis zur anderen Seite reicht, wo es mit der Achsenaufhängung verbunden ist. Hydropneumatische Achsenaufhängungen sind freilich kostspielig in der Beschaffung und Wartung, so dass ihrer Anwendung deutliche Grenzen gesetzt sind, was dazu führt, dass sie nur in wenigen Spezialfahrzeugen und technischen Demonstrationsgeräten eingebaut werden.

Obgleich einige Radfahrzeuge auf Straßen oder normalem Gelände beeindruckende Leistungen zeigen, ist ihre Fähigkeit, auch die ungünstigsten Geländestrecken mit einer taktisch notwendigen Geschwindigkeit (das vor allem) zu durchqueren, schwerste Stöße durch Bodenunebenheiten auszuhalten, Treffer zu verkraften und ein Gefecht durchstehen zu können, so beschaffen, dass in absehbarer Zukunft in der allgemeinen Entwicklung für gepanzerte Kampfwagen am Vollkettenfahrzeug mit Diesel- oder Turbinenantrieb festgehalten werden dürfte.

Der Panzerschutz bestand früher aus festen Platten oder besonderen Bereichen aus Panzerstahl. An modernen Panzerentwürfen beginnt man gerade die Möglichkeiten von Verbundpanzerungen auszuwerten. Der Schutz wird hier nicht allein von der Stärke und Festigkeit des Panzermaterials, sondern auch durch die Geometrie der Formgebung und der Zusammensetzung der inneren Beschaffenheit erreicht. Bedauerlicherweise werden die Einzelheiten solch fortschrittlicher Konstruktionen eifersüchtig gehütet und als hoch eingestufte militärische Geheimnisse betrachtet. Es muss genügen, festzustellen, dass der Panzerschutz moderner Kampfwagen das weit übersteigt, was man aus einer Außeninspektion ableiten und im Vergleich mit rein stählernen Panzerungen für möglich halten mag. Man kann sagen, dass ein nahezu 60 cm starker Frontpanzer, wie er auf den Photos des US-amerikanischen „Abrams" oder des britischen Challenger-Panzers zu sehen ist, weit stärker ist als eine reine Stahlplatte des besten Panzerstahls von 60 cm Dicke. – Den absoluten Höhepunkt der Entwicklung der Schutztechnik bilden reaktive Schutzsysteme, die in der Lage sind, auftreffende Projektile vor dem Aufschlag auf den Panzer zu zerstören. Das bisher am weitesten entwickelte System hat bereits seine Fähigkeit bewiesen, jede gegen Panzer verschießbare Munition zu neutralisieren, seien es nun raketengetriebene Panzergranaten (RPG = Rocket Propelled Grenades), Flugkörper zur Panzerbekämpfung (ATGM = Anti Tank Guided Missiles) oder Mörser- oder Artilleriegeschosse im Flug. Die Einführung derartiger Systeme ist bei verschiedenen Armeen im Gange.

Die Feuerkraft von Panzern wird allgemein durch Kanonen hoher Rasanz ausgedrückt, die verschiedene Geschossarten, wie Projektile kinetischer Energie, oder solche mit hohen Sprengladungen mit großer Mündungsgeschwindigkeit, verschießen können. Obgleich die bedeutenderen der großen, in der Panzerfertigung engagierten Nationen mehr oder weniger eine

Als Antwort auf die schweren Kampfpanzer der Sowjetarmee während des Kalten Krieges (1949–1991) führte die US Army den schweren Kampfpanzer M103 ein, der mit einer extrem langrohrigen und starken 120 mm-Bordkanone bewaffnet war. *(Patton Museum of Cavalry and Armor)*

Zeitlang mit Flugkörpern experimentiert hatten, hat die Feuergeschwindigkeit von aus Panzern abgeschossenen Flugkörpern auf Grund der Begrenztheit ihrer einzelnen hochexplosiven Gefechtsköpfe nicht zur allgemeinen Einführung geführt. Die Präzision moderner Panzerkanonen zusammen mit den komplexen Feuerleit- und Zielerfassungsanlagen haben zur Folge, dass Panzer gegenwärtig prinzipiell alle Ziele, die sie sehen, erfassen und treffen können. Tatsächlich übertrifft die Treffgenauigkeit moderner Panzerkanonen die der besten Scharfschützen auf Entfernungen über 1500 Meter – und eine Ersttrefferwahrscheinlichkeit ist zur Norm geworden. Auch wenn sich seit vielen Jahren elektromagnetische Kanonen in der Entwicklung befinden, hat es den Anschein, dass konventionelle Kanonen auch noch in den kommenden Jahren bei der Panzerwaffe die übliche Form der Hauptbewaffnung bleiben.

Wenn Sie dieses Buch durchgehen, laden wir Sie ein, die technischen Angaben aufzunehmen und daraus Ihre eigenen Bewertungen der jeweiligen Panzer anzustellen. Schauen Sie auf die Entwicklungsstränge jedes Panzertyps und Sie werden erkennen, wie sich Panzerentwürfe innerhalb von Dekaden entwickelt haben. Selbst die ungewöhnlichsten Panzerentwürfe sind Ausdruck von gelernten Lektionen, der Gleichziehung mit gegnerischen Typen und hervorragender Anstrengungen von Konstrukteuren, ihren Landstreitkräften Waffensysteme von höchster Beweglichkeit, Panzerschutz und Feuerkraft zu verschaffen.

EINFÜHRUNG

Unten: Die Fertigung des japanischen Kampfpanzers Heeresmodell 74 begann 1974. Bewaffnet mit der britischen 105 mm-Bordkanone, waren die besonders ausgeprägt geneigten Flächen am Turm und der Panzerung der Wanne typische Merkmale. *(Tank Museum Bovington)*

Gegenüberliegende Seite oben: US-Marines bedienen während einer Manöverübung in Friedenszeiten einen schweren Kampfpanzer russischer Fertigung vom Typ T-72. Der Umgang mit Panzern ausländischer Fertigung vermittelt den Marines taktische Erfahrungen mit Panzern potentieller Gegner in einem Kampfeinsatz. *(Defense Visual Information Center)*

Gegenüberliegende Seite unten: Die Kampfkraft des Heeres der Bundesrepublik Deutschland beruhte auf der Überlegenheit des schweren Kampfpanzers vom Typ Leopard II, der, mit einer starken und extrem genau schießenden 120 mm-Bordkanone bewaffnet, während der 1980er Jahre die Landesgrenzen schützen sollte. *(Krauss Maffei)*

EINFÜHRUNG

Ein Panzerkommandant schaut durch seinen Laserentfernungsmesser, während der Richtschütze vor ihm das Ziel mit der Optik erfasst. *(Defense Visual Information Center)*

Oben: Während der zweiten Hälfte der 1980er Jahre verkörperte der schwere Kampfpanzer vom Typ Callenger I, der mit einer 120 mm-Bordkanone bewaffnet war, die Spitze der britischen Panzertechnologie. Er wurde durch den Callenger II ersetzt. *(Tank Museum Bovington)*

Gegenüberliegende Seite unten: Während des Kalten Krieges war der schwere US-Kampfpanzer vom Typ Abrams das Gegenstück zum Leopard II der Bundeswehr. Der Abrams war zunächst mit einer 105 mm-Bordkanone und später, wie hier im Bilde, mit einer 120 mm-Bordkanone bewaffnet. *(Department of Defense)*

Britische Panzer

Britische Panzer

Die militärische Führung Großbritanniens sah den Tank als Antwort auf die Pattsituation, die sich schon zu Beginn des Ersten Weltkrieges entwickelt hatte, als sich ab September 1914 die gegnerischen Heere an der Westfront eingruben und sich in unüberwindlichen Systemen von Schützengräben gegenüberlagen. Nachdem man die militärische Forderung zur Schaffung eines Mittels zur Überwindung dieser Feldbefestigungen erkannt hatte, ergaben sich schon im Juni 1915 erste Forderungen zur Entwicklung eines gepanzerten Kettenfahrzeuges. Umgehend in Auftrag gegeben, entstanden einige Versuchstypen. Der erste war ein kastenförmiges Fahrzeug, das den Spitznamen „Little Willie" („Kleiner Willi") erhielt, ein zweites Fahrzeug in Form eines Rhombus wurde „Mother" genannt. *Aus Tarnungsgründen, um den Deutschen die Entwicklung eines gepanzerten Kampfwagens zu verschleiern, wurden diese Entwicklungen offiziell als „Tank" bezeichnet, als handele sich hier um die Herstellung von Vorratsbehältern, eben Tanks. Damit wurde der Begriff „Tank" in die angelsächsische Sprache eingeführt und bis zum heutigen Tag beibehalten. Im Deutschen hat sich nach dem Ersten Weltkrieg der Ausdruck „Panzer" für gepanzerte Kettenfahrzeuge durchgesetzt, der auch in diesem Band benutzt wird. Übrigens wurden die von den deutschen Streitkräften im Ersten Weltkrieg erbeuteten und eingesetzten gegnerischen Tanks auch weiterhin so bezeichnet; deren Besatzungen waren die „Tanker". Der erste deutsche Kampfwagen wurde „Sturmpanzerwagen" genannt (Kursivhervorhebung = Anm. d. Übers.).* – Aus dem Prototyp „Mother" entstand dann der etwa 30 Tonnen schwere Mark I, ein schwerer Tank (Panzer) ohne Turm, der erstmalig im September 1916 gegen deutsche Truppen ins Gefecht kam. Während der folgenden Jahre des Ersten Weltkrieges brachte die britische Armee zunehmend verbesserte Varianten des Mark I zum Einsatz.

Nach dem Ersten Weltkrieg wollten weitsichtige Persönlichkeiten in der britischen Armee die Entwicklung von Panzern fortführen. Bedauerlicherweise konnte sich die höhere britische Heeresführung nicht für den gepanzerten Kampfwagen erwärmen. Diese Unentschlossenheit gegenüber der weiter fortschreitenden Panzerentwicklung führte nahezu zu einem Albtraum innerhalb der britischen Armee, als ihre Panzerwaffe bei Ausbruch des Zweiten Weltkrieges aus einer Ansammlung von bedeutungslos und unspezifiziert entworfenen Panzertypen bestand, die sich im Felddienst als unzuverlässig und überdies den deutschen Panzern als unterlegen erwiesen.

Erst nach der allerletzten Phase des Zweiten Weltkrieges, Mitte 1945, kam bei der britischen Armee ein

Das hier abgebildete Fahrzeug erhielt den Spitznamen „Little Willie" („Kleiner Willi") und ist der direkte Vorläufer aller britischen Panzer. Im September 1915 erbaut, kam „Little Willie" allerdings nie zum Einsatz, sondern wurde ausschließlich zur Erprobung von Antriebs- und Lenkeinrichtungen benutzt. *(Tank Museum Bovington)*

Kampfpanzertyp zum Einsatz, der gegen die neuesten Panzer der deutschen Wehrmacht eine Chance gehabt hätte, nämlich der Centurion-Panzer; er wurde aber zu spät in Dienst genommen, um noch vor der bedingungslosen Kapitulation Deutschlands zum Einsatz zu kommen.

Um den Centurion mit Panzern der jüngeren Generation, die nach dem Zweiten Weltkrieg entwickelt und gebaut wurden, auf vergleichbarem Niveau zu halten, wurden seitens der britischen Armee und in anderen Armeen, die dieses Panzermodell einsetzten, grundlegende Kampfwertsteigerungen durchgeführt.

Dieser Prozess fortwährender Modifikationen führte dazu, dass der Centurion als einsatzfähiger Kampfpanzer bis in die frühen 1990er Jahre im Dienst stand und erst danach in den meisten Armeen durch modernere Panzertypen ersetzt wurde.

Zur Unterstützung des Centurion-Panzers führte die britische Armee Mitte der 1950er Jahre den etwa 73 Tonnen schweren Conqueror als schweren Kampfpanzer ein, der mit einer gewaltigen 120 mm-Kanone bewaffnet war. Er sollte gegen die schweren Panzer russischer Fertigung, wie den IS-3 Stalin, auf größere Entfernungen als der 50 Tonnen-Panzer Centurion einsetzbar sein. Bedauerlicherweise litt der Conqueror an einer Reihe von manifesten Unzulänglichkeiten, die nie behoben werden konnten, so dass er 1966 aus dem Dienst genommen wurde. Das war dasselbe Jahr,

SCHWERER TANK MARK I
Länge: 9,9 m
Breite: 4,17 m
Höhe: 2,44 m
Gewicht: ca. 34 Tonnen
Besatzung: 8 Mann
Bewaffnung: 2 Kanonen 5,7 cm,
4 bis 6 Maschinengewehre

Der schwere Tank Mark I kam erstmalig im September 1916 bei der britischen Armee gegen deutsche Truppen in Frankreich zum Kampfeinsatz. Die am Heck des Kampfwagens montierten hölzernen Räder sollten die Lenkung unterstützen.
(Tank Museum Bovington)

BRITISCHE PANZER

in dem der Ersatz für den Centurion, der als Chieftain bekannt wurde, erstmals in der britischen Armee eingeführt wurde.

Zwar war der Chieftain wie auch der Conqueror mit einer 120 mm-Kanone bewaffnet, dessen Hauptwaffe war allerdings eine Neuentwicklung, die leichter und in jeder Beziehung wirkungsvoller als die kalibergleiche Waffe des Conqueror war. Während Feuerkraft und Panzerschutz des Chieftain bei dessen Einführung neue Maßstäbe im Hinblick auf die Panzertechnik setzten, hatte dieser Kampfwagen ernste Probleme mit der Beweglichkeit infolge der Unzuverlässigkeit seines Dieselmotors beim Antrieb.

Als Ersatz für den Chieftain bewährte sich in der britischen Armee der Challenger, der 1983 eingeführt wurde. Zwar war er mit der gleichen Kanone wie der Chieftain als Hauptwaffe bewaffnet, jedoch entsprach der Panzerschutz des Challenger der neuesten Entwicklung und war gegenüber der des Chieftain weit effizienter.

Probleme mit der Feuerleitanlage in den ersten Modellen des Chieftain führten in den frühen 1990er Jahren zur Einführung der kampfwertgesteigerten Version dieses Panzers als Challenger II, der gegenwärtig das Rückgrat der britischen Landstreitkräfte bildet.

Der schwere Tank vom Typ Mark II unterschied sich nur in einigen unwesentlichen Einzelheiten vom Mark I. Der hier abgebildete Kampfwagen ist ausschließlich mit Maschinengewehren bewaffnet und wurde damals als „weiblicher Tank" bezeichnet. *(Tank Museum Bovington)*

Im US Army Ordnance Museum ist dieser schwere Tank vom Typ Mark IV ausgestellt. Wie die schweren Tanks der Typen Mark I bis Mark III, die in der britischen Armee zu Einsatz kamen, hatte auch dieses Modell eine Besatzung von acht Mann. *(Michael Green)*

Der schwere Tank vom Typ Mark V, der noch im Ersten Weltkrieg zum Kampfeinsatz kam, war der letzte Typ rhombusförmiger Kampfwagen der britischen Armee. Die weißen, blechernen Signalarme auf dem Oberteil des Kampfwagens dienten der Befehlsübermittlung. *(Tank Museum Bovington)*

PANZERKETTEN

Tanks, auf Deutsch Panzer, sind Kampfwagen, die ihre eigene tragbare Straße mit sich führen. Das sind die Panzerketten, auf denen der Kampfwagen rollt. Der Panzer legt sozusagen die Kette an der Frontseite vor sich nieder, nimmt sie dann auf und bewegt sich dadurch vorwärts.

BRITISCHE PANZER

Um mit ihren schweren Tanks die tiefgestaffelten Verteidigungssysteme der deutschen Front operativ durchbrechen zu können, führte die britische Armee im Ersten Weltkrieg den hier abgebildeten mittelschweren Kampfwagen vom Typ Whippet ein. *(Tank Museum Bovington)*

ANFÄNGLICHE KOMMUNIKATIONSMÖGLICHKEITEN IM PANZER
Die schweren britischen Tanks des Ersten Weltkrieges verfügten über keine internen Verständigungssysteme, dazu diente eine laute Stimme. Da es möglich war, sich innerhalb eines Kampfwagens zu bewegen, konnte man sich einem Kameraden der Besatzung durchaus so weit nähern, dass ihm eine Mitteilung ins Ohr gebrüllt werden konnte. Eine andere Möglichkeit waren Handzeichen, die aber in den dunklen und oft dunstigen Innenräumen der Kampfwagen kaum zu sehen waren.

Der mittelschwere Tank vom Typ Hornet ersetzte die schweren Tanks der Modelreihen Mark I bis Mark V. Von den 6.000 im Oktober 1918 von der britischen Armee in Auftrag gegebenen Kampfwagen dieses Typs verließen vor Kriegsende im November 1918 nur 36 Exemplare die Fertigungsstätten. *(Patton Museum of Cavalry and Armor)*

Hergestellt im Jahr 1925, besaß der Independent eine Bewaffnung, die in fünf drehbaren Türmen angeordnet war. Da die britische Armee damals keine Geldmittel zur Verfügung hatte, ging der Independent nicht in Produktion. *(Tank Museum Bovington)*

Um ein weniger kostspieliges Waffensystem zu erhalten als den Independent, beschaffte die britische Armee 130 Kampfwagen des Typs Vickers Medium Tank, Mark II. Sie wurden 1925 eingeführt und standen bei Ausbruch des Zweiten Weltkrieges noch immer im Dienst. *(Tank Museum Bovington)*

VICKERS MEDIUM TANK, MARK II
Länge: 5,33 m
Breite: 2,79 m
Höhe: 3,02 m
Gewicht: ca. 15 Tonnen
Besatzung: 5 Mann
Bewaffnung: 1 Bordkanone 4,7 cm,
3 Maschinengewehre

Die Firma Vickers lieferte der britischen Armee zwischen 1930 und 1940 eine Serie von leichten Panzern der Modelle Mark I bis Mark IV, die mit Maschinengewehren bewaffnet waren. Das Bild zeigt einen Mark IV, der für drei Mann Besatzung ausgelegt war. *(Tank Museum Bovington)*

In der 1930 er Jahren entschied sich der Ausrüster der britischen Armee für leichte Kampfwagen, Vickers, Varianten der leichten britischen Kampfwagenmodelle ins Ausland zu verkaufen. Zu den Käufern dieser Produkte gehörte auch die Schweizer Armee, die den hier abgebildeten Kampfwagen geliefert bekam. *(Andreas Kirchhoff)*

Die britische Armee führte 1937 den Cruiser Tank Mark I ein. Er verfügte über drei Türme. Im größten war eine Zweipfünder-(4 cm-)Bordkanone mit einem koaxialen Maschinengewehr eingebaut. Die anderen beiden Türme waren nur mit einem Maschinengewehr bewaffnet. (*Tank Museum Bovington*)

DIE BEDEUTUNG DES BRITISCHEN BEGRIFFES „POUNDER" (PFÜNDER)*

Vor, während und noch nach dem Zweiten Weltkrieg war es in der britischen Armee häufig die Regel, das ungefähre Geschossgewicht eines aus einer Rohrwaffe abgefeuerten Projektils in britischen Pfund (453,5927 g) anzugeben, egal ob es sich um die Bordkanone eines Kampfwagens, eine Panzerabwehrkanone oder um ein Feldgeschütz handelte.

* Anm. d. Übers.: Da in der britischen Literatur die Kaliberangaben oft nur nach Pfund enthalten sind, sind diese zur weiteren Information des Lesers im vorliegenden Band zur Vergleichbarkeit mit den metrischen Angaben beibehalten worden.

BRITISCHE PANZER

Der Cruiser Tank Mark IIA CS war die stärker bewaffnete Version des Cruiser Tank Mark I. Anstelle der Zweipfünder-(4 cm-)Bordkanone verfügte er nun über eine 9,4 cm-Haubitze. Dieses Kampfwagenmodell wurde 1940 in der britischen Armee eingeführt. *(Tank Museum Bovington)*

Gegenüberliegende Seite oben: 1934 kam die britische Armee zudem Entschluss, dass sie einen speziellen Panzer zur Unterstützung der Infanterie benötigte. Ein solcher Kampfwagen ging 1937 in die Fertigung und wurde Matilda I genannt. Dieser Zweimann-Panzer war mit einem Maschinengewehr bewaffnet, wie das Bild zeigt. *(Tank Museum Bovington)*

Gegenüberliegende Seite unten: Als Ersatz für den Matilda I bewährte sich der größere und schwerere Matilda II oder einfach Matilda, bewaffnet mit einer Zweipfünder-(4 cm-)Bordkanone und einem Maschinengewehr. Der Fertigung begann 1937 und dauerte bis 1943. *(Tank Museum Bovington)*

> **TARNUNG IN DER WÜSTE**
> Die britischen Panzer, die in Nordafrika im Kampfeinsatz standen, trugen bisweilen Tarnanstriche nach dem System „Mirage" oder „Desert Shimmer" (dt. Luftspiegelung bzw. Wüstenflimmern), wobei Himmel- und erdfarbige Farbtöne miteinander kombiniert wurden. Theoretisch sollte dies bewirken, dass ein Panzer aus der Entfernung kaum oder gar nicht auszumachen war.

BRITISCHE PANZER

INFANTERIEUNTERSTÜTZUNGSPANZER MATILDA
Länge: 5,62 m
Breite: 2,59 m
Höhe: 2,51 m
Gewicht: ca. 30 Tonnen
Besatzung: 4 Mann
Bewaffnung: 1 Zweipfünder-(4 cm-)Bordkanone, 1 Maschinengewehr

Einblick in den restaurierten Turm des Infanterieunterstützungspanzers Matilda von der Luke aus gesehen, die sich über dem Kopf des Panzerkommandanten befand. Man erkennt die Sitze des Panzerkommandanten und des Kanoniers. *(Michael Green)*

Der Cruiser Mark IV, bewaffnet mit der Zweipfünder-(4 cm-)Bordkanone, trägt den Tarnanstrich der 1st Armored Division der britischen Armee von 1940. Dieser Kampfwagen wurde bei den Kampfeinsätzen in Frankreich und in Nordafrika zwischen 1940 und 1941 eingesetzt. *(Tank Museum Bovington)*

Zu Beginn des Jahres 1940 wurde der Cruiser Tank Mark V, der auch als Covenanter bezeichnet wird, an die britische Armee ausgeliefert. Dieser Kampfwagentyp laborierte an einer Reihe von Kinderkrankheitern und wurde daher nur als Übungspanzer im Zweiten Weltkrieg verwendet. *(Tank Museum Bovington)*

Der hier abgebildete Panzer vom Typ Crusader III entstammte derselben Entwicklungsreihe, die zur Produktion des Covenanter führte. Dieser Kampfwagen ist mit einer Sechspfünder-(5,7 cm-)Bordkanone und zwei Maschinengewehren bewaffnet. Der Crusader III wurde erstmalig 1942 in Dienst genommen. *(Tank Museum Bovington)*

BRITISCHE PANZER

Der Valentine III hatte eine vierköpfige Besatzung und war mit einer Zweipfünder-(4 cm-)Bordkanone und einem Maschinengewehr bewaffnet. Der erste Kampfwagen der Valentine-Serie kam 1940 zum Einsatz. Die Fertigung aller Varianten endete 1944. (*Tank Museum Bovington*)

Wurde mit Lastenseglern hinter den deutschen Linien während der alliierten Invasion am 6. Juni 1944, dem D-Day, abgesetzt: der britische Panzer Army Tetrarch IV, ein leichter Panzer mit einer Besatzung von zwei Mann. Er war mit einer Zweipfünder-(4 cm-)Kanone als Hauptwaffe und einem einzigen Maschinengewehr bewaffnet. (*Tank Museum Bovington*)

Der Infanterie-Panzer Mark IV (Churchill I) kam erstmalig 1941 zum Einsatz. Hier im Bild ein Kampfwagen mit einer Zweipfünder-(4 cm-)Kanone im drehbaren Turm und einer 7,62 cm-Haubitze im Bugteil der Wanne. *(Phil Hatcher)*

WARUM WURDE EIN BRITISCHER PANZER ALS „CHURCHILL" BEZEICHNET?

Die britische Armee benannte den Panzer „Churchill" zu Ehren von Sir Winston Leonard Spencer Churchill, jenem britischen Politiker, der als Premierminister Großbritanniens das Land von 1940–1945 zum Sieg über Deutschland führte.

BRITISH TANKS

Im Verlauf des Zweiten Weltkrieges ließ die britische Armee die Hauptwaffe der Panzer der „Churchill"-Serie fortwährend verbessern. Hier im Bilde ein Churchill VII-Panzer mit einer 7,5 cm-Bordkanone. *(Tank Museum Bovington)*

Die Besatzungen vieler britischer Panzer, wie auch hier im Bilde die eines Churchill VII-Panzers, schweißten einzelne Kettenglieder an die Außenseiten ihrer Kampfwagen, um mit dieser Maßnahme gegen Kriegsende den Panzerschutz gegen Panzerabwehrmittel (z. B. Hohlladungsgeschosse) zu verbessern. *(Patton Museum of Cavalry and Armor)*

CHURCHILL VII
Länge: 7,45 m
Breite: 3,25 m
Höhe: 2,5 m
Gewicht: ca. 45 Tonnen
Besatzung: 5 Mann
Bewaffnung: 1 Bordkanone 7,5 cm, 2 Maschinengewehre

Der Black Prince war eine stark veränderte Weiterentwicklung des Churchill-Panzers, der aber im Zweiten Weltkrieg nicht mehr zum Einsatz kam. Bewaffnet mit einer 17 Pfünder-(7,62 cm-)Bordkanone, wurden nur sechs dieser Kampfwagen fertig gestellt. (*Tank Museum Bovington*)

Ein Engpass an Panzern veranlasste die britische Regierung 1940 zur Beschaffung einer veränderten Variante des in den USA entwickelten und gebauten mittelschweren Panzers M3. Er wurde mit einem Turm aus britischer Entwicklung ausgerüstet und offiziell als „General Grant" bezeichnet. (*Tank Museum Bovington*)

In Nordafrika klettern britische Panzersoldaten auf ihre mittleren Kampfpanzer der Typenreihe M4, die als Sherman-Panzer bezeichnet werden. Die britische Armee erhielt ihren ersten Sherman-Panzer im August 1942. Mehr als 15.000 Kampfwagen dieses Typs standen bei der britischen Armee bis Dezember 1944 im Einsatz. *(Patton Museum of Cavalry and Armor)*

ZIELGERÄTE FÜR PANZER-BORDWAFFEN

In einem Panzer visiert der Richtschütze ein Ziel mit Hilfe einer Optik an, d. h. einem Zielfernrohr. Er sieht das Ziel in einer bestimmten Vergrößerung. In dem Zielfernrohr ist auch ein Absehen eingebaut, sprich eine optische Markierung zur Entfernungsbestimmung des Zieles. Damit kann die Entfernung zum Ziel abgeschätzt werden. Der Richtschütze muss nun eine der geschätzten Entfernung entsprechende Zielmarkierung mit dem anvisierten Ziel in Deckung bringen und hat damit auch die Bordkanone auf das Ziel gerichtet.

Die britische Armee baute in einige Sherman-Panzer eine 17 Pfünder-(7,62 cm-)Kanone ein, um damit die dicke Panzerung der letzten deutschen Panzertypen durchschlagen zu können. Diese wurden gelegentlich als „Firefly", d. h. Leuchtkäfer, bezeichnet. *(David Marian)*

Um die von den Amerikanern gelieferten M10-Panzerjäger, die ursprünglich mit einer 7,62 cm-Bordkanone bewaffnet waren, in ihrer Kampfkraft zu steigern, rüstete sie die britische Armee mit einer 17 Pfünder-(7,62 cm-)Bordkanone aus und nannte sie M10C-17-Pfünder. *(Christophe Vallier)*

Während der letzten beiden Jahre des Zweiten Weltkrieges war in der britischen Armee der Cromwell der zahlenmäßig bedeutendste Panzertyp in Westeuropa. Das Bild zeigt diesen Kampfwagen mit der 7,5 cm-Bordkanone. *(Michael Green)*

BRITISCHE PANZER

Gegenüberliegende Seite oben: Der britische Cruiser Tank vom Typ Comet, hier bewaffnet mit einer verkürzten 17 Pfünder-(7,62 cm-)Bordkanone, kam erst gegen Ende des Zweiten Weltkrieges zum Einsatz. Er war im Grunde genommen nur ein mit einer stärkeren Bordkanone ausgerüsteter Cromwell-Panzer und blieb im Dienst, bis er durch den Centurion-Panzer, einer Nachkriegsentwicklung, ersetzt wurde. *(Christophe Vallier)*

Gegenüberliegende Seite unten: Um möglichst viele Panzer mit einer 17 Pfünder-(7,62 cm-)Bordkanone im Dienst zu halten, ließ die britische Armee einen Panzer bauen, der weitestgehend aus Komponenten des Cromwell bestand. So entstand der hier abgebildete Challenger. *(Tank Museum Bovington)*

PLATZIERUNG DER PANZERUNG

Stählerne Panzerungen haben ein hohes Gewicht. Die erforderliche Beweglichkeit von Panzern setzt allerdings Grenzen für das Gesamtgewicht eines Kampfwagens. Die Panzerkonstrukteure maximieren daher die Wirksamkeit des Panzerschutzes, in dem sie die stärkste Panzerung auf die Bereiche des Waffensystems platzieren, die im Gefecht am ehesten getroffen werden können. Nach den Erfahrungen der vergangenen Kriege sind dies die Vorderseiten von Turm und Wanne.

Ein Ausstellungsstück des Israeli Army Tank Museum ist der Charioteer Tank Destroyer, eine Nachkriegsentwicklung der britischen Armee. Dieser Kampfwagen besteht aus der Wanne eines Cromwell-Panzers mit neuem Turm. Er ist mit einer 20 Pfünder-(8,34 cm-)Bordkanone bewaffnet. *(Robert Manasherob)*

BRITISCHE PANZER

Konzipiert im Jahr 1943, verließen die ersten sechs Kampfwagen des Centurion-Panzers der britischen Armee im Mai 1945 die Fabrikhallen. Das Bild zeigt einen Mark III, der mit einer 20 Pfünder-(8,34 cm-) Bordkanone bewaffnet ist. (*Tank Museum Bovington*)

CENTURION III
Länge über alles (mit nach vorn gerichteter Kanone): 9,85 m
Breite: 3,3 m
Höhe: 3 m
Gewicht: ca. 57 Tonnen
Besatzung: 4 Mann
Bewaffnung: 1 Bordkanone 8,34 cm, 2 Maschinengewehre

Von den rund 4000 fertig gestellten Centurion-Panzern wurden mehr als die Hälfte an ausländische Armeen verkauft. Die hier abgebildeten Centurion-Panzer gehören zur Armee Indiens und sind mit einer 105 mm-Bordkanone bewaffnet. *(Patton Museum of Cavalry and Armor)*

Diese späte Ausführung eines Centurion-Panzers, bewaffnet mit einer 105 mm-Bordkanone, trägt den Tarnanstrich der schwedischen Armee. Die großen metallenen Kästen (Kacheln) am Bug des Panzers und am Turm sind plattenförmige Elemente der explosiven Reaktivpanzerung (ERA = Explosive Reactive Armor). *(David Marian)*

BRITISCHE PANZER

DIE AUFGABE DER PANZERKETTEN
Über die Panzerketten wird das Gewicht eines Panzers auf den weichen Untergrund verteilt. Je schwerer ein Panzer ist, umso breiter müssen seine Ketten sein, damit er überhaupt auf weichem Boden einsetzbar ist. Bei den ersten Panzern im Ersten Weltkrieg betrug die Lebensdauer einer Panzerkette zwischen 30 und 90 Kilometern. Moderne Panzerketten haben eine Verwendungsdauer von bis zu 4.500 km.

Gegenüberliegende Seite oben: Als die älteren Panzertypen zu veralten begannen, wurden sie für andere Verwendungen umgerüstet. Der abgebildete Kampfwagen ist ein stark veränderter Centurion-Panzer der britischen Armee, der hier zum Zielfahrzeug umgerüstet ist, damit die Infanterie an ihm die Handhabung von Panzernahbekämpfungsmitteln üben kann. *(Phil Hatcher)*

Gegenüberliegende Seite unten: Der schwerste Kampfpanzer, der nach dem Zweiten Weltkrieg entwickelt wurde, war der schwere britische Kampfpanzer vom Typ Conqueror, der mit einer 120 mm-Bordkanone bewaffnet war. Dieser Kampfwagen wurde 1956 eingeführt und blieb bis in die frühen 1960er Jahre im Dienst. *(Tank Museum Bovington)*

SCHWERER KAMPFPANZER CONQUEROR
Länge über alles (mit nach vorn gerichteter Kanone): 11,6 m
Breite: 4 m
Höhe: 3,35 m
Gewicht: 73 Tonnen
Besatzung: 4 Mann
Bewaffnung: 1 Bordkanone 105 mm, 1 Maschinengewehr

Hier nimmt ein Vijayanta-(Victory-)Panzer der indischen Armee, bewaffnet mit der 105 mm-Bordkanone, an einer Parade teil. Von Vickers in England entworfen, stellte die Armee Indiens 2.200 Kampfpanzer dieses Typs in Dienst. *(Tank Museum Bovington)*

BRITISCHE PANZER

In den frühen 1950er Jahren wurden in der britischen Armee Überlegungen für die Ablösung des Centurion-Panzers angestellt. Als möglicher Ersatz galt der Chieftain-Panzer mit einer 120 mm-Kanone britischer Entwicklung. *(Tank Museum Bovington)*

Gegenüberliegende Seite oben: Chieftain-Panzer wurden vor dem Zusammenbruch der DDR im Jahr 1989 von britischen Streitkräften in Westberlin verwendet. Sie sind mit einem speziellen Tarnanstrich versehen, der für den Gefechtseinsatz im Stadtgebiet ausgelegt ist, wie hier auf dem Bild einer Parade zu sehen ist. *(Defense Visual Information Center)*

Gegenüberliegende Seite unten: Der Scorpion, ein leichter Panzer, der als Aufklärungsfahrzeug konzipiert wurde, ist mit einer 7,6 cm-Kanone und einem Maschinengewehr bewaffnet. 1973 von der britischen Armee eingeführt, blieb er bis in die frühen 1990er Jahre im Dienst. *(Michael Green)*

BRITISCHE PANZER

Der hier abgebildete Challenger I-Panzer wurde als Ersatz für die Chieftain-Panzer in der britischen Armee eingeführt. Er ist, wie sein Vorgänger, mit der 120 mm-Kanone bewaffnet, verfügt aber über eine verbesserte Beweglichkeit und eine bessere Panzerung. (Tank Museum Bovington)

Gegenüberliegende Seite oben: 1994 erhielt die britische Armee eine im Kampfwert gesteigerte Version des Challenger I-Panzers, die die Bezeichnung Callenger II erhielt. Die letzten der 386 gebauten Challenger II-Panzer wurden 2002 an die britische Armee ausgeliefert. (Tank Museum Bovington)

Gegenüberliegende Seite unten: Der hier abgebildete Challenger II ist mit Panzerschürzen zur passiven Panzerung entlang des Fahrwerkes und mit Elementen der explosiven Reaktivpanzerung an der Vorderseite der Wanne ausgerüstet. (Tank Museum Bovington)

CALLENGER II
Länge über alles mit nach vorn gerichteter Kanone: 8,33 m
Breite: 3,52 m
Höhe: 2,49 m
Gewicht: ca. 69 Tonnen
Besatzung: 4 Mann
Bewaffnung: 1 Bordkanone 120 mm, 2 Maschinengewehre

Französische Panzer

Französische Panzer

Der Gedanke, dass Panzer die Pattsituation des Grabenkriegs an der Westfront während des Ersten Weltkrieges überwinden könnten, kam etwa zur gleichen Zeit innerhalb der britischen wie auch der französischen Heeresführung auf. Während die Briten schwere turmlose Panzer – Tanks – wie die Kampfwagen der Typen Mark I bis Mark V favorisierten, die zur Überquerung von Schützengräben optimiert waren, um damit den Angriff der Infanterie zu unterstützen, waren die turmlosen, leicht gepanzerten, schweren französischen Kampfwagen, bekannt als „Schneider" und „Saint Chamond", nur als fahrende Geschütze konzipiert. Daher verfügten sie nicht über die Fähigkeit ihrer britischen Gegenstücke, Schützengräben überwinden zu können und erlitten furchtbare Verluste durch deutsche Panzerabwehrmaßnahmen.

Erwies sich die Konzeption der schweren französischen Panzer während des Ersten Weltkrieges als Fehlschlag, so war die Konzeption der leichten Panzer, die im Sommer 1916 ihren Anfang nahm, erheblich erfolgreicher und brachte den nach Entwurf und Konstruktion innovativen Zweimannpanzer FT-17 hervor. Der neue leichte französische Panzer unterschied sich beachtlich von jenen Panzertypen, die vor ihm eingeführt worden waren, weil er einen mit einer Waffe versehenen Turm besaß, der um 360^0 zu drehen war. Die Waffen früherer turmloser Kampfwagen waren innerhalb der Wanne eingebaut und konnten nur mit eingeschränktem Seitenrichtbereich aus der Wanne feuern.

Der erste Prototyp des FT-17 wurde zu Beginn den Jahres 1917 eingeführt, jedoch verzögerte sich die Produktion, so dass der Panzer erst im Mai 1917 an die Front kam. Von 7.820 Kampfwagen dieses Typs, die für die französische Armee in Auftrag gegeben wurden, kam etwa nur die Hälfte zum Einsatz, bevor der Erste Weltkrieg im November 1918 in Europa zu Ende ging. Trotz der Annullierung des Bauauftrages für die restlichen Kampfwagen vom Typ FT-17 nach dem Waffenstillstand blieb dieser Panzer als bester und zahlenmäßig bedeutendster französischer Heerespanzer bis in die frühen 1930er Jahre im Dienst.

Vorherhergehende Doppelseite: Der 1916 als erster französischer Panzer gebaute Schneider hatte eine Besatzung von sechs Mann. Er kam erst im April 1917 zum Kampfeinsatz. Dünne Panzerung und geringe Geländegängigkeit waren für ihn im Einsatz verhängnisvoll. *(Christophe Vallier)*

Erst durch den Spanischen Bürgerkrieg, der vom Juli 1936 bis zum April 1939 dauerte und in dem Panzer eine Rolle spielten, wurde die französische Armeeführung zu der Entscheidung veranlasst, dass eine neue Generation von Panzern nötig sei, um ein wirkungsvolles Potential auf jedem zukünftigen Schlachtfeld zu behalten, vor allem gegenüber dem historischen Gegner Deutschland. Der französische Staatshaushalt von 1935 sah beachtliche Steuermittel für Entwurf, Entwicklung und Produktion verschiedener leichter, mittlerer und schwerer Panzer vor. Diese Kampfwagen kamen jedoch nicht vor Anfang 1940 zur Einführung in die französische Armee. Als Folge einer übereilten Produktion neuer Panzer kam es zu Mängeln im Entwurf, wie beispielsweise den Einmann-Türmen, die, verglichen mit ihren deutschen Gegenstücken dieser Zeit, aber durchaus gut bewaffnet und gepanzert waren.

Die Ausrüstung der Verbände der Freien Französischen Armee mit US-Panzern begann 1943. Nach dem Zweiten Weltkrieg verwendete die französische Armee weiterhin amerikanische Panzer, aber auch erbeutete Panzer der deutschen Wehrmacht bis zu dem Zeitpunkt, als die französische Industrie wieder in der Lage war, eigene Panzer zu entwerfen und in hinreichenden Stückzahlen herzustellen. – So entstand in den frühen 1950er Jahren als erstes Panzermodell der leichte Panzer AMX-13, der mit einer 7,5 cm-Kanone bewaffnet war. Der Kampfpanzer AMX-30 mit einer 105 mm-Kanone wurde in den späten 1960er Jahren in der französischen Armee eingeführt.

Der gegenwärtige französische Hauptkampfpanzer trägt den Namen „Leclerc" – in Erinnerung an den berühmten französischen General des Zweiten Weltkrieges. Bewaffnet mit einer 120 mm-Kanone, die mit einem automatischen Lader für 22 Panzerpatronen ausgerüstet ist, kann dieser Kampfpanzer bei Bedarf 12 Schuss pro Minute abfeuern. Die Einführung des automatischen Laders führte zur Reduzierung der Besatzung dieses Panzers auf drei Mann, nämlich auf den Kommandanten, den Richtschützen und den Fahrer.

Panzerkommandant und Richtschütze im Leclerc-Panzer bedienen eine komplexe, computergesteuerte Feuerleitanlage, kombiniert mit einer stabilisierten Zieleinrichtung, um eine hohe Ersttrefferwahrscheinlichkeit zu erreichen. Abgesehen davon, dass dieser Kampfwagen eine flache Silhouette und den fortschrittlichsten Panzerschutz besitzt, verfügt der Leclerc auch über ein Selbstverteidigungssystem, das automatisch zur Neutralisierung gegnerischer Panzerbekämpfungswaffen Infrarot- und elektromagnetische Täuschungskörper abfeuert.

Ein schwerer Schneider-Panzer fährt in der Fabrik, wo er gebaut wurde, zur Auslieferung an die französische Armee auf einen Transportwagen. Die Höchstgeschwindigkeit dieses 16 Tonnen schweren Panzers betrug etwas weniger als 7 km/h. *(Tank Museum Bovington)*

FRANZÖSISCHE PANZER

Der schwere Kampfwagen Saint Chamond der französischen Armee kam im Mai 1917 erstmalig gegen deutsche Truppen zum Einsatz. Da er breite deutsche Schützengräben nicht überqueren konnte, blieb sein Gefechtswert gering. *(Christophe Vallier)*

KAMPFWAGEN SAINT CHAMOND
Länge über alles einschließlich Bordkanone: 8,66 m
Breite: 2,67 m
Höhe: 2,36 m
Gewicht. ca. 24 Tonnen
Besatzung: 8 Mann
Bewaffnung: 1 Feldgeschütz 7,5 cm,
4 Maschinengewehre

Das Bild zeigt einen frühen Prototyp des Saint Chamond, einem schweren Kampfwagens der französischen Armee. Die Höchstgeschwindigkeit dieses Kampfwagens betrug 7,5 km/h. Vier Benzinmotoren erbrachten eine Antriebsleistung von 90 PS. (*Tank Museum Bovington*)

Die Unzufriedenheit mit den Entwürfen der Schneider- und Saint Chamond-Kampfwagen führte dazu, dass die französische Armee ihre Hoffnung auf einen leichten Infanterie-Panzer mit zwei Mann Besatzung setzte, nämlich auf den Renault FT-17, der im Mai 1918 erstmalig zum Einsatz kam. (*Tank Museum Bovington*)

Französische Fabriken produzierten während der letzten beiden Jahre des Ersten Weltkrieges fast 3.000 Kampfwagen des leichten Infanterie Panzers vom Typ Renault FT-17, der grob gerechnet 7,5 Tonnen wog. Er wurde in der französischen Armee noch bis in den Sommer 1940 hinein verwendet. *(Christophe Vallier)*

DER SCHÖPFER DER FRANZÖSISCHEN PANZERWAFFE
Der Artillerist Oberst, später General Jean-Baptiste Estienne war der Offizier, der die französische Armeeführung davon überzeugte, leichte und schwere Panzer einzuführen. Er trug zwar keine technischen Neuerungen zu dieser Waffe bei, war aber der Mann, der den Wert der Panzerwaffe für die französischen Armee begriff.

Der 77 Tonnen schwere Char 2C wurde als schwerer Kampfpanzer im letzten Jahr des Ersten Weltkrieges in der französischen Armee eingeführt. Er kam jedoch nicht mehr zum Gefechtseinsatz. Trotz einer Steigerung des Kampfwerts dieses Typs in den 1930er Jahren wurde er im Zweiten Weltkrieg von der Wehrmacht schnell außer Gefecht gesetzt. *(Tank Museum Bovington)*

Nur mit einem einzigen Maschinengewehr bewaffnet, entsprach der leichte Panzer Renault AMR-33 dem Interesse der Kavallerie der französischen Armee an einem leichten Spähpanzer für die Gefechtsfeldaufklärung. Er wurde 1934 in Dienst genommen. *(Christophe Vallier)*

FRANZÖSISCHE PANZER

Der leichte Panzer Hotchkiss H-39 war nichts anderes als eine stärker gepanzerte Variante des leichten Panzers Hotchkiss H-35 – allerdings mit einem stärkeren Motor ausgestattet. Beide Kampfwagen waren mit einer 3,7 cm-Kanone bewaffnet. *(Christophe Vallier)*

Gegenüberliegende Seite oben: In den früher 1930er Jahren entschied man sich bei den Renaultwerken für die Entwicklung eines leichten Panzers, um Forderungen der französischen Armee zu entsprechen. Das Ergebnis war der AMC-35, ein Panzer mit einer Besatzung von drei Mann, der entweder mit einer 2,5 cm- oder 4,7 cm-Bordkanone als Hauptwaffe ausgestattet war. *(Christophe Vallier)*

Gegenüberliegende Seite unten: Anstatt nur einen Typ eines leichten Panzers zu akzeptieren, führte die französische Armee in den späten 1930er Jahren verschiedene Typen leichter Panzerkampwagen ein. Darunter befand sich auch der hier abgebildete Hotchkiss H-35. *(Thomas Anderson)*

> **PANZERAUFBAU**
> Mit dem leichten Panzer FT-17 hatte die französische Armee im Ersten Weltkrieg das Grundmuster für die Gestaltung des Aufbaus nahezu aller Panzertypen bis auf den heutigen Tag festgelegt. Dieses bestand darin, dass der Fahrer im Vorderteil der Wanne untergebracht ist und dass ein zentraler Kampfraum vorgesehen war, der von einem um 360^0 drehbaren Turm überragt wurde, der die Hauptwaffe aufzunehmen hatte. Der Motorenraum befand sich im hinteren Teil der Wanne.

FRANZÖSISCHE PANZER

Fast identisch im Aussehen: der leichte Panzer Renault R-35 und die Hotchkiss H-35 und H-39. Fast 2.000 Kampfwagen dieses Typs hatte die französische Armee im Dienst, als die Wehrmacht im Mai/Juni 1940 Frankreich besiegte. *(Christophe Vallier)*

DER LEICHTE PANZER RENAULT R-35
Länge: 4,2 m
Breite: 1,86 m
Höhe: 2,36 m
Gewicht: ca. 11 Tonnen
Besatzung: 2 Mann
Bewaffnung: 1 Kanone 3,7 cm, 1 Maschinengewehr

Dieser etwas futuristisch aussehende leichte Panzer vom Typ FCM-36 mit zwei Mann Besatzung wurde 1939 in der französischen Armee eingeführt. Die Bewaffnung des gerade einmal 12 Tonnen schweren Kampfwagens bestand aus einer 3,7 cm-Kanone und einem Maschinengewehr. *(Christophe Vallier)*

Der Somua S-35 mit einer Besatzung von drei Mann war der mittelschwere Standardpanzer der französischen Armee während des Westfeldzuges der Wehrmacht im Sommer 1940. Die Wehrmachtführung schätze diesen Typ so hoch ein, dass sie Beutefahrzeuge in ihren Verbänden zum Einsatz brachte. *(Michael Green)*

FRANZÖSISCHE PANZER

Ein großes Problem des mittelschweren Panzers Somua S-35, wie auch vieler anderer französischer Panzer, war der Umstand, dass der Panzerkommandant bei den nur von einem Mann bedienten Turm sowohl die Aufgaben des Richt- wie auch des Ladeschützen ausüben musste. *(Patton Museum of Cavalry and Armor)*

MITTELSCHWERER PANZER SOMUA S-35
Länge: 5,46 m
Breite: 2,11 m
Höhe: 2,69 m
Gewicht: ca. 22 Tonnen
Besatzung: 3 Mann
Bewaffnung: 1 Bordkanone 4,7 cm, 1 Maschinengewehr

Der wassergekühlte Benzinmotor und das Getriebe waren im hinteren Teil der Wanne des mittelschweren französischen Panzers Somua S-35 untergebracht. Im Vorderteil der Wanne saßen der Fahrer auf der linken und der Funker auf der rechten Seite. *(Tank Museum Bovington)*

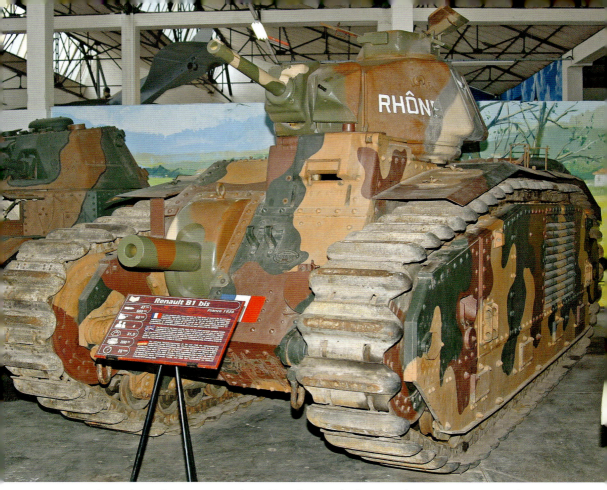

Der mit der stärksten Panzerung versehene Kampfwagen der französischen Armee zu Beginn des Zweiten Weltkrieges war der schwere Panzer Char B1.bis mit einer Besatzung von vier Mann. Im Vorderteil der Wanne war eine 7,5 cm-Haubitze eingebaut und im Turm eine 4,7 cm-Kanone. *(Christophe Vallier)*

> Schwerer Panzer Char B1.bis
> Länge: 6,53
> Breite: 2,72
> Höhe: 2,8 m
> Gewicht: ca. 35 Tonnen
> Besatzung: 4 Mann
> Bewaffnung: 1. Kanone 4,7 cm, 1 Haubitze 7,5 cm, 2 Maschinengewehre

FRANKREICHS BEITRAG ZUR PANZERENTWICKLUNG
Die französische Armee leistete Pionierarbeit bei der Entwicklung eines Steuermechanismus für die Differentiallenkung, die ab 1926 zum Einbau kam. Mit der Differentiallenkung kann die Bewegungsrichtung des Differentials verändert werden, welches die Kraftschlüsse zwischen den Kettenantrieben auf jeder Seite teilt. Damit kann der Fahrer sein Fahrzeug mit zwei Hebeln lenken, die gleichzeitig die Bewegung der Kette an der einen oder der anderen Seite abbremsen.

Schwere Kampfpanzer vom Typ Char B1 der französischen Armee bei einer Parade vor Ausbruch des Zweiten Weltkrieges. Die Höchstgeschwindigkeit dieses Kampfwagens betrug 26 km/h. Der Antrieb erfolgte durch einen Benzinmotor mit einer Leistung von 307 PS. *(Patton Museum of Cavalry and Armor)*

Anfang November 1943 erhielten die Verbände der Freien Französischen Armee in Nordafrika die ersten dieselgetriebenen mittelschweren Panzer vom Typ M4A2 Sherman in großen Stückzahlen. Die US Army bevorzugte die Variante des Sherman-Panzers mit Benzinmotor. *(Christophe Vallier)*

Nach dem Zweiten Weltkrieg kämpfte die französische Armee lange und hart von 1946 bis 1953 in Indochina, um dieses Land in der französischen Einflusssphäre zu halten. Ein Großteil ihrer Ausrüstung war US-Ursprungs, wie hier dieser M4A1 Sherman-Panzer. *(Jim-Mesko-Sammlung)*

Unter den zahlreichen militärischen Ausrüstungsgegenständen, mit denen die französische Armee in der letzten Phase des Zweiten Weltkrieges und während des Indochina-Krieges versorgt wurde, befand sich auch dieser leichte Panzer des Typs M5 aus amerikanischer Fertigung. *(Chun Hsu)*

FRANZÖSISCHE PANZER

In den späten 1950er Jahren erhielt die französische Armee die ersten Kampfwagen von mehr als 1200 Exemplaren des leichten Panzers M24 Chaffee aus den USA. Dieser Kampfwagen mit einer Besatzung von vier Mann wog etwa 20 Tonnen und war mit einer 7,5 cm-Bordkanone bewaffnet. *(Christophe Vallier)*

Die französische Armee verwendete bis in die späten 1950er Jahre verschiedene Varianten des mittelschweren M4 Sherman-Panzers. Der hier abgebildete Sherman-Panzer mit französischen Kennungen verfügt über eine 7,6 cm-Kanone als Hauptwaffe. *(Christophe Vallier)*

Das Fehlen einer nennenswerten französischen Rüstungsindustrie nach Ende des Zweiten Weltkrieges zwang die französische Armee, bis in die späten 1940er Jahre unter anderem auf Beutestücke in Gestalt ehemaliger deutscher Panzer – hier im Bild ein mittelschwerer Panther – zurückzugreifen. *(Ground Power Magazine)*

Die Furcht vor einer militärischen Invasion der Sowjetarmee in Westeuropa in den frühen 1950er Jahren veranlasste die US-Regierung, die französische Armee mit einer großen Stückzahl des mittelschweren Panzers M47 Patton auszustatten. *(Christophe Vallier)*

FRANZÖSISCHE PANZER

Da man sich zum einen nicht von Panzern aus ausländischer Fertigung abhängig machen und zum anderen wieder eine eigene nationale Rüstungsindustrie aufbauen wollte, wurde 1946 seitens der französischen Armee die Forderung nach einem neuen leichten Kampfpanzer erhoben: Das Ergebnis war der AMX-13. (*Tank Museum Bovington*)

LEICHTER PANZER AMX-13 (MIT 7,5 CM-BORDKANONE ALS HAUPTWAFFE)
Länge mit der Bordkanone nach vorn: 6,25 m
Breite: 2,49 m
Höhe: 2,31 m
Gewicht: ca. 16,5 Tonnen
Besatzung: 3 Mann
Bewaffnung: 1 Bordkanone 7,5 cm, 1 Maschinengewehr

Der leichte Panzer AMX-13 mit einer Besatzung von drei Mann ist mit einer 7,5 cm-Bordkanone bewaffnet, die ein Nachbau der 7,5 cm-Kanone des deutschen mittleren Kampfpanzers Panther war. Das auffallendste Merkmal dieses Kampfwagens ist der Turm, bei dem das Oberteil zusammen mit dem Rohr vertikal beweglich ist, sowie der automatische Lader. (*Robert Manasherob*)

„SCHWINGTÜRME"
Der „Schwingturm", bei dem das mit dem Rohr verbundene Oberteil vertikal auf- und niederschwingen kann, bietet Vorteile bei der Feuerleitung, weil sich alle mit dem Rohr verbundenen Zieloptiken vertikal bewegen. Dieses Konstruktionsprinzip ermöglicht auch den Einbau eines einfachen automatischen Laders. Allerdings macht es das hohe Gewicht des Rohrs und des mit ihm verbundenen Turmoberteils unmöglich, die Waffe zum Feuern aus der Bewegung zu stabilisieren.

Die französische Armee hat später die Kampfkraft ihrer leichten Panzer vom Typ AMX-13 durch den Einbau einer 90 mm-Bordkanone gesteigert. Eine Variante des AMX-13 mit einer 105 mm-Bordkanone, hier im Bild, war bei der niederländischen Armee im Einsatz. *(Christophe Vallier)*

Das österreichische Bundesheer hat 1973 ein Kettenfahrzeug eigener Fertigung mit einem AMX-13 Turm mit der 105 mm-Kanone ausgestattet. Dieser Kampfpanzer erhielt die Bezeichnung Leichter Panzer SK-105 Kürassier. *(Tank Museum Bovington)*

FRANZÖSISCHE PANZER

Die israelische Armee erbeutete während des Arabisch-Israelischen Krieges von 1956 eine Anzahl ägyptischer Sherman-Panzer, die mit dem Turm des französischen leichten Panzers AMX-13 und einer 7,5 cm-Bordkanone ausgerüstet waren. *(Robert Manasherob)*

Gegenüberliegende Seite oben: In der französischen Armee wurde der mittelschwere M47 Patton-Panzer durch den bewährten Kampfpanzer AMX-30 mit der 105 mm-Kanone ersetzt. *(Christophe Vallier)*

Gegenüberliegende Seite unten: 1967 wurde der 37 Tonnen schwere AMX-30 mit vier Mann Besatzung als Hauptkampfpanzer (MBA = Main battle tank) in der französischen Armee eingeführt. Die Höchstgeschwindigkeit dieses mit Dieselmotor angetriebenen Kampfwagens beträgt 60 km/h. *(Tank Museum Bovington)*

HAUPTKAMPFPANZER AMX-30
Länge mit Bordkanone voraus: 9,48 m
Breite: 3,10 m
Höhe: 2,85 m
Gewicht: 40 Tonnen
Besatzung: 4 Mann
Bewaffnung: 1 Bordkanone 105 mm mit koaxialer Maschinenkanone 20 mm,
1 Maschinengewehr

FRANZÖSISCHE PANZER

Fast 2.000 Exemplare des Hauptkampfpanzers AMX-30 und seiner Varianten verließen die Montagehallen, bis die Produktion in den frühen 1990er Jahren eingestellt wurde. Dieser Kampfpanzer war in einem Dutzend fremder Heere im Einsatz. *(Defense Visual Information Center)*

FEDERUNGSSYSTEME FÜR PANZER
Die Fähigkeit eines modernen Panzers, hohe Geschwindigkeiten auf unebenem Boden halten zu können, beruht nicht allein auf der Stärke seiner Antriebsaggregate, sondern vor allem auf dem System seiner Federung. Ein Federungssystem schützt das Laufwerk vor hoher Beanspruchung, vornehmlich durch Stoßbewegungen, und ermöglicht damit auch, dass sich die Besatzung in einem solchen Kampfwagen während der Fahrt überhaupt aufhalten kann. Zusätzlich vermindern schwere Stoßdämpfer ein Stampfen und Schlingern des Kampfwagens.

Als Ersatz für den AMX-30 wurde in der französischen Armee der „Leclerc" als Hauptkampfpanzer im Januar 1992 eingeführt. *(Christophe Vallier)*

Die französische Armee hat gegenwärtig 400 „Leclerc" als Hauptkampfpanzer im Dienst, darunter als Variante auch die Ausführung eines Bergepanzers. Die Arabischen Emirate haben 436 Kampfwagen des „Leclerc" und seiner Varianten in Gebrauch. *(Christophe Vallier)*

Deutsche Panzer

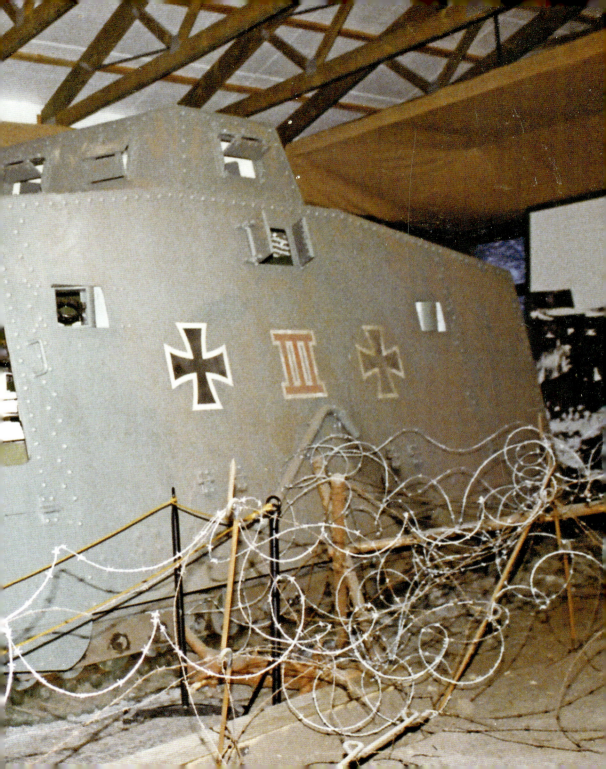

Deutsche Panzer

Auf deutscher Seite hatte der Große Generalstab im Ersten Weltkrieg durchaus Kenntnisse der britischen Bemühungen, ein Kettenfahrzeug für den Kampfeinsatz zu entwickeln. Man brachte selbst zunächst aber für ein solches Vorhaben wenig Interesse auf. Auch als die britische Armee im September 1916 49 Tanks zum Einsatz brachte, zeigte sich die deutsche Generalität unbeeindruckt und hielt die neu eingeführten Tanks für eine kurzlebige Marotte. Es dauerte bis zum November 1917, die britische Armee hatte bis dahin fast 500 Kampfwagen zum Einsatz gebracht und eine weit verbreitete Panik unter den sich verzweifelt wehrenden deutschen Truppen hervorgerufen, bis die Generalität Handlungsbedarf sah und Geldmittel in die Entwicklung eigener Panzer investiert wurden.

Trotz dieses nun erwachten Interesses der Generalität für einsatzbereite Kampfwagen verfügte die deutsche Industrie – bis an ihre Grenzen beansprucht mit der Herstellung des benötigten Kriegsmaterials – kaum noch über Kapazitäten für den Entwurf und den Bau von Panzern, die quasi auf dem Nichts entwickelt werden mussten. Von den zahlreichen Panzerentwürfen, die für den Truppeneinsatz im Ersten Weltkrieg vorgeschlagen wurden, kam nur einer, nämlich der schwere Panzer Sturmpanzerwagen A7V, in geringer Stückzahl vor Kriegsende im November 1918 an die Front.

Obwohl die deutsche Regierung 1919 den Versailler Vertrag unterzeichnet hatte, der Deutschland nur ein kleines Heer und keine Panzer zugestand, begann die Reichswehr im Geheimen rasch mit Entwicklungsarbeiten für Panzer. 1935 startete die deutsche Regierung ein massives Aufrüstungsprogramm, wozu auch eine starke Panzerwaffe für die neue, wachsende Wehrmacht gehörte. Zu den neuen Panzertypen gehörten die Panzer I und Panzer II als leichte Panzer und die Panzer III und Panzer IV als mittlere Panzer. Wie bereits im Ersten Weltkrieg war die deutsche Industrie nicht in der Lage, hinreichende Stückzahlen zu produzieren, wie es auf Grund der militärischen Erfordernisse notwendig gewesen wäre. Dieses Problem sollte die Wehrmacht während des ganzen Zweiten Weltkrieges belasten.

Immerhin war der Bestand an Panzern der Typen I bis IV groß genug und konnte dadurch eine

Vorhergehende Doppelseite: Das einzig noch verbliebene Exemplar, das im Queensland Museum in Brisbane/Australien steht, diente als Vorlage für den Nachbau des deutschen A7V-Panzers aus dem Ersten Weltkrieg, der im Panzermuseum Munster steht. *(Andreas Kirchhoff)*

Der Sturmpanzerwagen A7V war der einzige Kampfwagen deutscher Fertigung während des Ersten Weltkrieges. 24 Sturmpanzerwagen A7V wurden fertig gestellt. Im Vergleich dazu produzierten britische und französische Werke im Ersten Weltkrieg ungefähr 8.000 Kampfwagen. *(Patton Museum of Cavalry and Armor)*

STURMPANZERWAGEN A7V
Länge mit Bordkanone: 7,33 m
Breite: 3,05 m
Höhe: 3,11 m
Gewicht: ca. 33 Tonnen
Besatzung: 18 Mann
Bewaffnung: 1 Kanone 5,7 cm, bis zu 7 Maschinengewehre

bedeutende Rolle bei der Besetzung und Eroberung zahlreicher Länder von 1939 bis 1940 spielen. Der deutsche Einmarsch in die Sowjetunion im Sommer 1941 führte bei den deutschen Panzerbesatzungen zu einem bösen Erwachen, als sie auf den mittleren russischen Kampfpanzer vom Typ T-34 stießen, gegen den sich innerhalb von zwei Wochen der gesamte Bestand der deutschen Panzer und Panzerabwehrkanonen als nutzlos erweisen sollte.

Als Sofortmaßnahme gegen den russischen T-34 erhielten die mittleren deutschen Panzer eine stärkere Kanone und verbesserten Panzerschutz als Kampfwertsteigerung. Zur langfristigen Lösung gegen die Bedrohung durch den T-34 wurde 1942 der schwere Panzer Tiger entwickelt und zum Einsatz gebracht. 1943 folgte dann der mittlere Panzer Panther. Nachdem die Russen darauf 1944 mit dem kampfwertgesteigerten mittleren Panzer T-34 und weiteren schweren Panzern reagiert hatten, führten die Deutschen den schweren Panzer Tiger B mit der stärkeren 8,8 cm-Kanone ein.

Nach dem Ende des Zweiten Weltkrieges hatten die Siegermächte Deutschland weder eine Armee noch Panzer zugestanden. Infolge der sich nach Kriegsende abkühlenden Beziehungen zwischen der Sowjetunion und ihrem früheren Verbündeten, den USA, entschied sich die US-Regierung, der Bundesrepublik Deutschland den Aufbau der Bundeswehr zu ermöglichen. Die Bundesrepublik sollte ermutigt werden, mit dieser Armee, die mit US-Panzern ausgerüstet wurde, ein Bollwerk bei einem Angriff der Sowjetunion gegen Westeuropa zu bilden.

DEUTSCHE PANZER

Im Osten Deutschlands wurde 1956 in der ehemaligen Deutschen Demokratischen Republik (DDR) unter sowjetischer Ägide die Nationale Volksarmee (NVA) aufgebaut und mit russischen Panzern ausgerüstet.

Anders als in der DDR, wo man sich während des Kalten Krieges damit zufrieden gab, Panzer aus russischer Entwicklung zur Verfügung zu haben, stellte die Bundeswehrführung fest, dass ihre von den USA gelieferten Panzer nicht den militärischen Erfordernissen entsprachen. So setzten bald Bemühungen zur Entwicklung eines eigenen Panzermodells ein und als erster Kampfwagen wurde in den 1960er Jahren der Kampfpanzer Leopard I eingeführt. Ihm folgte in den 1980er Jahren der Kampfpanzer Leopard II. Beide Panzermodelle stießen auf eine rege Nachfrage und wurden in großen Stückzahlen für zahlreiche Armeen in aller Welt beschafft.

Weil die deutsche Industrie im Ersten Weltkrieg nicht in der Lage war, hinreichende Stückzahlen an Kampfwagen zu produzieren, wurden erbeutete britische Panzer mit deutschen Hoheitsabzeichen von deutschen Truppen übernommen und eingesetzt. Im Bild britische Beute-Tanks beim Bahntransport auf Flachwagen. *(Patton Museum of Cavalry and Armor)*

> **LEICHTER PANZER I**
> Länge: 4,04 m
> Breite: 2,10 m
> Höhe: 1,73 m
> Gewicht: ca. 6 Tonnen
> Besatzung: 2 Mann
> Bewaffnung: 2 Maschinengewehre

Die erste Serie des leichten deutschen Zweimann-Panzers, Panzer I, verließ 1934 die Werkhallen. Die Fertigung dauerte bis 1937; bis dahin wurden 1.500 Kampfwagen fertig gestellt. *(Thomas Anderson)*

Auf einem spanischen Heeresstützpunkt ist ein deutscher leichter Panzer vom Typ Panzer I ausgestellt. Über 100 dieser Kampfwagen wurden den Franco-Nationalisten während des Spanischen Bürgerkrieges (1936–1939) zur Verfügung gestellt. *(Patton Museum of Cavalry and Armor)*

DEUTSCHE PANZER

Seitenansicht des deutschen Versuchspanzers „Neubaufahrzeug", eines mittleren Kampfpanzers mit mehreren Türmen. Nur fünf Kampfwagen dieses Typs wurden von der Wehrmacht übernommen und kamen 1940 bei der Besetzung Norwegens zum Einsatz. *(Patton Museum of Cavalry and Armor)*

Die Fertigung des leichten Panzers Panzer II als Dreimannpanzer begann 1936 und dauerte bis 1940. Dieser Kampfwagen wurden 1943 aus den Einsatzverbänden abgezogen. *(Patton Museum of Cavalry and Armour)*

Ein restauriertes Exemplar eines leichten Panzers vom Typ Panzer II, der von der Wehrmacht im Zweiten Weltkrieg eingesetzt wurde, bei einer Vorführung im Panzermuseum Munster. *(Thomas Anderson)*

Die Variante des Panzer II, Luchs, hatte eine Besatzung von vier Mann. Nur 100 Stück wurden in den Jahren 1943–1944 als hoch spezialisierte Spähpanzer der Wehrmacht fertig gestellt. *(Tank Museum Bovington)*

DEUTSCHE PANZER

Die Fertigung des mittleren Panzers vom Typ Panzer III mit einer Besatzung von fünf Mann erfolgte von 1937 bis 1943. Es wurden etwa 6.000 Kampfwagen dieses Typs fertig gestellt. Dieses Panzermodell hatte eine moderne Drehstabfederung. *(Christophe Vallier)*

Der mittlere Panzer vom Typ Panzer III kam zuerst mit einer kurzrohrigen 3,7 cm-Kanone zum Einsatz. Später wurde er mit einer langrohrigen 5 cm-Bordkanone umbewaffnet, die hier im Bild zu sehen ist. *(Chu Hsu)*

Als sich auch die 5 cm-Bordkanone der mittleren Panzern vom Typ Panzer III gegenüber gegnerischen Panzern als unterlegen erwies, wurde die letzte Serie mit einer kurzrohrigen 7,5 cm-Haubitze bewaffnet, die ein wirkungsvolles Projektil mit einem speziellen Kopf zum Durchbrechen von Panzerungen verfeuerte. *(Richard Hunnicutt)*

> **FRÜHE SERIEN DES MITTLEREN PANZERS VOM TYP PANZER III**
> Länge: 5,63 m
> Breite: 2,9 m
> Höhe: 2,44 m
> Gewicht: 21 Tonnen
> Besatzung: 5 Mann
> Bewaffnung: 1 Bordkanone 3,7 cm, 2 Maschinengewehre

DEUTSCHE PANZER

Ein Panzerkommandant, auf dem Turm eines Panzer III mit der kurzrohrigen 7,5 cm-Bordkanone stehend, beobachtet das umgebende Gelände mit einem Doppelglas. *(Patton Museum of Cavalry and Armor)*

Gegenüberliegende Seite oben: Ursprünglich konzipiert als Feuerunterstützungsfahrzeug für die Infanterie zur Bekämpfung von Panzerabwehrkanonen und anderen Verschanzungen, erhielten die ersten Serien des Panzer IV, der fünf Mann Besatzung hatte, eine kurzrohrige 7,5 cm-Haubitze. *(Richard Hunnicutt)*

Gegenüberliegende Seite unten: Um gegnerische Kampfpanzer zerstören zu können, deren Panzerung von der Bordkanone des mittleren Panzer III nicht durchschlagen werden konnte, erhielt der mittlere Panzer vom Typ Panzer IV eine Bordkanone mit langem Rohr von Kaliber 7,5 cm. *(R. Bazalevsky)*

> **MUNITION DER PANZERHAUPTWAFFE**
>
> Die Komponenten einer Patrone für die Bordkanonen eines Panzers, d. h. seiner Hauptwaffe, bestehen aus Zündsatz, Treibladung und Geschoss. Der Zündsatz wird durch den Abfeuerungsimpuls aktiviert und bringt die Treibladung zur Entzündung. Es gibt Zündsätze als Perkussionszündsätze wie bei der Munition für Handfeuerwaffen. Gegenwärtig aber sind elektrische Zündsätze in Gebrauch.

DEUTSCHE PANZER

SPÄTE AUSFÜHRUNG DES PANZER IV
Länge mit Geschütz nach vorn gerichtet: 5,92 m
Breite: 2,87 m
Höhe: 2,60 m
Gewicht: 26 Tonnen
Besatzung: 5 Mann
Bewaffnung: 1 Bordkanone 7,5 cm,
2 Maschinengewehre

1942 erhielt der mittlere Panzer vom Typ Panzer IV erstmalig eine 7,5 cm-Kanone mit langem Rohr und Mündungsbremse, wodurch die Mündungsgeschwindigkeit und damit auch die Durchschlagsleistung der Geschosse erheblich gesteigert wurde. Während des Zweiten Weltkrieges stellten deutsche Fabriken nahezu 9.000 Kampfwagen aller Serien des Typs Panzer IV her. *(David Marian)*

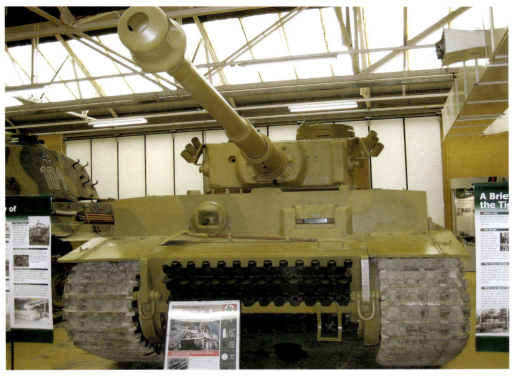

Was den schweren deutschen Tiger Panzer E zu einer ernsten Bedrohung auf dem Gefechtsfeld machte, war seine starke Frontpanzerung und eine starke, rasante Bordkanone, d. h. eine Waffe mit besonders hoher Mündungsgeschwindigkeit im Kaliber von 8,8 cm, die aus einem Flakgeschütz entwickelt worden war. *(Tank Museum Bovington)*

Diese Senkrechtaufnahme zeigt einen schweren deutschen Panzer vom Typ Tiger E, bei dem alle Einstigluken offen stehen. Drei Mann der Besatzung standen im Turm (Panzerkommandant, Richt- und Ladeschütze) und zwei (Fahrer und Funker) saßen im Bugteil der Wanne. *(Patton Museum of Cavalry and Armor)*

DEUTSCHE PANZER

Der Tiger E war mit einem wassergekühlten Benzinmotor von 700 PS Leistung ausgerüstet, womit der Kampfwagen eine Höchstgeschwindigkeit von 37 km/h auf ebenem Gelände erreichen konnte. *(Ground Power Magazine)*

SCHWERER PANZER TIGER E
Länge mit Geschützrohr nach vorn gerichtet: 8,23 m
Breite: 3,74 m
Höhe: 2,84 m
Gewicht: ca. 60 Tonnen
Besatzung: 5 Mann
Bewaffnung: 1 Bordkanone 8,8 cm, 3 Maschinengewehre

Von 1942 bis 1944 konnten deutsche Hersteller nur 1.354 Kampfwagen vom Typ Tiger E produzieren. Zum Vergleich: Amerikanische Fabriken produzierten von 1942 bis 1945 nahezu 50.000 Exemplare des mittleren Sherman-Panzers. *(Patton Museum of Cavalry and Armor)*

> **SCHRÄGSTELLUNG DER PANZERUNG**
> Konstrukteure von gepanzerten Fahrzeugen sind bestrebt, die zu panzernde Seiten schräg zu stellen, damit auftreffende Projektile nach oben abprallen. Durch die Schrägstellung von Panzerplatten erreicht man eine Verdichtung ihrer als Senkrechte projektierten Fläche. Eine senkrecht stehende Panzerplatte erweist ihre Stärke gegen ein rechtwinklig auftreffendes Geschoss allein durch ihre Dicke. Eine schräg stehende Panzerplatte wirkt jedoch durch die Verdichtung ihrer in der Senkrechten projektierten Fläche für ein auftreffendes Geschoss massiver als ihre materielle Stärke.

Als eine weitere Bedrohung für die alliierten Panzer im Zweiten Weltkrieg erwies sich der mittlere Panzer vom Typ Panther, auch Panzer V, der mit der leistungsstarken und rasanten 7,5 cm-Bordkanone bewaffnet war und eine starke und gut geneigte Frontpanzerung hatte. *(Michael Green)*

DEUTSCHE PANZER

Deutsche Hersteller bauten vom Januar 1943 bis April 1945 etwa 6.000 mittlere Panzer aller Serien des Typs Panther. Unausgereift zum Einsatz gebracht, hatten die ersten Serien noch gravierende Kinderkrankheiten. *(Christophe Vallier)*

MITTLERER PANZER PANTHER
Länge mit nach vorn gerichtete Bordkanone: 8,86 m
Breite: 3,27 m
Höhe: 2,94 m
Gewicht: ca. 49 Tonnen,
Besatzung: 5 Mann
Bewaffnung: 1 Bordkanone 7,5 cm, 3 Maschinengewehre

GEZOGENE ROHRE DER HAUPTWAFFE
Alle im Zweiten Weltkrieg eingesetzten Rohre von Panzerkanonen waren mit Zügen zur Drallstabilisierung der aus ihnen abgeschossenen Projektile versehen. Diese spiralförmigen Züge waren in die Innenseite der Rohre eingeschnitten und verliehen dem Geschoss seinen Drall. Geschossführungsringe übertrugen das Profil der Züge, sobald das Geschoss sich aus dem Rohr bewegte, und versetzten es damit in Drehung. Diese Geschossführungsringe dienten auch zur Gasdichtung und verhinderten das Vorbeistreichen der Gase der Treibladung am Geschoss. Sobald das Geschoss die Rohrmündung passiert hatte, wurde es in seiner Vorwärtsbewegung durch die Drehungen, d. h. den Drall, stabilisiert und konnte sich damit in gerader Linie auf das Ziel bewegen.

US-Soldaten inspizieren einen aufgegebenen deutschen Panther, der sich in der Böschung eines Straßenrandes festgefahren hatte. Die deutschen Panther-Besatzungen fürchteten amerikanische Jagdbomber mehr als US-Panzer. *(Patton Museum of Cavalry and Armor)*

Das Rohr der 7,5 cm-Bordkanone des mittleren Panzers vom Typ Panther war mehr als 5,8 m lang. Eine große Mündungsbremse am Rohrende diente der Minderung des Rückschlages beim Schuss. *(Christopher Vallier)*

DEUTSCHE PANZER

Deutsche Hersteller vermochten noch von Januar 1944 bis März 1945 489 Kampfwagen des schweren Panzers Tiger B zu bauen. Die Panzerung an der Turmvorderseite war 18 cm stark. (David Marian)

SCHWERER PANZER TIGER B
Länge mit nach vorn gerichteter Bordkanone: 10,28 m
Breite: 3,75 m
Höhe: 3,07 m
Gewicht: ca. 77 Tonnen
Besatzung: 5 Mann
Bewaffnung: 1 Bordkanone 8,8 cm, bis zu 3 Maschinengewehre

Gegenüberliegende Seite oben: Als Ersatz für den deutschen Tiger B-Panzer sollte der Tiger E dienen, der allerdings ein Tiger B war, der mit einer längeren und damit noch rasanteren 8,8 cm-Bordkanone als sein Vorgänger bewaffnet war. (*Tank Museum Bovington*)

Gegenüberliegende Seite unten: Hier sind US-Soldaten fotografiert, die auf einem erbeuteten schweren deutschen Panzer vom Typ Tiger B eine Spritztour unternehmen. Die extrem breiten stählernen Panzerketten dienen der Verteilung des hohen Gewichtes auf den Untergrund. (*National Archives*)

DEUTSCHE PANZER

Die US-Regierung lieferte 1955 als Hilfsmaßnahme für die im Aufbau begriffene Bundeswehr der Bundesrepublik Deutschland 1.120 mittlere Panzer vom Typ M47 Patton. Der Patton-Panzer hatte einen Benzinmotor. Der hier abgebildete Kampfwagen gehört zur Sammlung des Panzermuseums Munster. (Thomas Anderson)

> **RÜCKSTOSSMECHANISMEN BEI PANZERWAFFEN**
> Der Rückstoß ist die rückwärts gerichtete Bewegung des Rohres einer Bordkanone in Panzern. Beim Abschuss bewegen sich das Rohr und die mit ihm fest verbundenen Teile nach hinten. Dies ist die Gegenwirkung der Vorwärtsbewegung des Geschosses im Rohr und der heißen Gase der Treibladung. Durch das Vorholen werden das Rohr und die mit ihm verbundenen Teile wieder in die Ausgangsstellung vor Abfeuern des Projektils gebracht. Das geschieht durch den Mechanismus des Rohrvorholers. Ein besonderer Mechanismus dient der Absorption der Rückstoßenergie, die stufenweise erfolgt, um harte Schläge durch das Rohr auf seine Lafettierung im Kampfwagen zu vermeiden.

Außer einer hohen Stückzahl von mittleren M47-Patton-Panzern erhielt die Bundeswehr in den 1950er Jahren 1.666 mittelschwere M48-Patton-Panzer, die von einem Benzinmotor angetrieben und als Hauptwaffe mit einer eine 90 mm-Bordkanone bewaffnet waren. (*Thomas Anderson*)

Neben verschiedenen Varianten des mittleren Panzers amerikanischer Fertigung vom Typ Patton, mit denen die junge Bundeswehr in den 1950er Jahren ausgestattet wurde, erhielt sie auch eine Anzahl von leichten amerikanischen Panzern des Typs M41 Walker Bulldog. (*Patton Museum of Cavalry and Armor*)

DEUTSCHE PANZER

Gegenüberliegende Seite oben: Zur Kampfkraftverstärkung erhielten 650 Kampfwagen M48-Patton-Panzer der Bundeswehr zwischen 1978 und 1980 Dieselmotoren und eine 105 mm-Bordkanone. *(Frank Schulz)*

Gegenüberliegende Seite unten: Die ehemalige Sowjetunion unterstützte 1956 den Aufbau und die Ausrüstung der Nationalen Volksarmee der ehemaligen Deutschen Demokratischen Republik. Als erstes Panzermodell erhielt die NVA den mittelschweren Kampfpanzer T-34/85. *(Christophe Vallier)*

Der in der Sowjetunion entwickelte mittlere Panzer T-55 mit Dieselmotor und einer 100 mm-Bordkanone war ein weiteres Panzermodell, das in der damaligen NVA bis zur Wiedervereinigung Deutschlands 1990 in Gebrauch war. *(Michael Green)*

DEUTSCHE PANZER

Der in der Sowjetunion entwickelte leichte Panzer PT-76 wurde in der NVA als Spähpanzer für die Aufklärung eingesetzt. Das Amphibienfahrzeug hatte drei Mann Besatzung und war mit einer 7,6 cm-Kanone bewaffnet. *(Michael Green)*

Gegenüberliegende Seite oben: Das Bild zeigt einen schweren Hauptkampfpanzer T-72 der ehemaligen NVA mit am Bug angebautem Minenpflug. Viele der von der NVA unterhaltenen Panzer, mehr als 2.700 Kampfwagen, wurden verschrottet oder dienten auf Truppenübungsplätzen als Ziel. *(Michael Green)*

Gegenüberliegende Seite unten: Die westdeutsche Bundeswehr präzisierte 1956 ihre militärischen Anforderungen an einen Kampfpanzer aus eigener Entwicklung. Als Ergebnis entstand der Kampfpanzer Leopard I, ein Panzer mit vier Mann Besatzung und einer 105 mm-Bordkanone als Hauptwaffe. *(Frank Schulz)*

DEUTSCHE PANZER

KAMPFPANZER LEOPARD I
Länge mit nach vorn gerichteter Kanone: 7,09 m
Breite: 3,25 m
Höhe: 2,65 m
Gewicht: ca. 44 Tonnen
Besatzung: 4 Mann
Bewaffnung. 1 Bordkanone 105 mm, 2 Maschinengewehre

Die Regierung der Bundesrepublik Deutschland bestellte im August 1963 nach dem Abschluss erfolgreicher und intensiver Erprobungen 1.500 Kampfwagen des schweren und mit Dieselmotor angetriebenen Hauptkampfpanzers Leopard 1. *(Patton Museum of Cavalry and Armor)*

Am Rande eines Waldstückes steht ein früherer Leopard 1 der belgischen Armee, jetzt Eigentum eines privaten Sammlers. 1968 beschaffte die belgische Armee 334 Leopard 1. *(Christophe Vallier)*

Die Fertigung des Kampfpanzers Leopard 1 für die Bundeswehr erfolgte von 1965 bis 1979. Der Leopard 1 ist zwar in der Bundeswehr nicht mehr im Dienst, in anderen Armeen aber noch in Gebrauch. *(Michael Green)*

DEUTSCHE PANZER

MODERNE PANZERMUNITION
Die heutigen Panzerkanonen verschießen Treibspiegelgeschosse mit aerodynamischer Stabilisierung durch ein Leitwerk (armor-piercing, fin-stabilized, discarding-sabot = APFSDS). Die panzerbrechende Wirkung beruht allein auf seiner kinetischen Energie nach der Formel $\frac{1}{2} m v^2$, wobei „m" das Gewicht und „v" die Auftreffgeschwindigkeit bedeutet. Höchste Durchschlagleistungen erreichen Geschosse aus hochfesten Hartmetalllegierungen, wie Tungsten oder Uran, beim Auftreffen mit höchstmöglicher Geschwindigkeit. Da die leitwerkstabilisierten Treibspiegelgeschosse sich auf sehr gestreckten Flugbahnen bewegen, haben sie eine bessere Treffgenauigkeit.

Ein australischer Leopard 1 nimmt an einem Manöver teil. Dieser Kampfpanzer wurde auch von den Armeen anderer Länder eingeführt: Kanada, Dänemark, Griechenland, Italien, Australien, Norwegen, Türkei und Niederlande. *(Defense Visual Information Center)*

Das Bild zeigt einen Leopard 1 der kanadischen Armee in Afghanistan mit einem Minenpflug am Bug. Um den Schutz der vierköpfigen Besatzung zu verbessern, wurde der Kampfwagen mit einer zusätzlichen Panzerung an Turm und Wanne versehen. *(Canadian Department of National Defence)*

Der Leopard 2 Panzer ist keineswegs die verbesserte Variante des Leopard 1, sondern ein völlig neu entwickelter Kampfpanzertyp mit verbesserter Panzerung und einer 120 mm-Bordkanone. Die Panzer vom Typ Leopard 2 wurden 1979 in der Bundeswehr eingeführt. *(Krauss-Maffei)*

DEUTSCHE PANZER

Die Kampfpanzer des Typs Leopard 2 werden durch einen flüssigkeitsgekühlten und mit einem Turbolader aufgeladenen Dieselmotor angetrieben, der eine Leistung von 1.500 PS hat und dem Kampfwagen eine Höchstgeschwindigkeit von 70 km/h ermöglicht. Der Panzer wiegt etwa 60 Tonnen. *(Krauss-Maffei)*

> **HIGH-EXPLOSIVE-ANTITANK-(HEAT-)GESCHOSSE**
> HEAT-Geschosse, auf Deutsch Hohlladungsgeschosse, enthalten in ihrer Sprengladung im Geschosskopf einen konusförmigen Hohlraum aus verkupfertem Metall. Dieser Hohlraum konzentriert die Energie der Detonationsgase auf eine kleine Zielfläche. Zumeist ragt aus dem Kopf des Projektils ein stählerner Stachel oder ein Verzögerungsrohr heraus, wodurch die Sprengladung in kurzem Abstand vor dem Auftreffen auf das Ziel zur Detonation gebracht werden soll. So erhält die Sprengladung durch ihre Formgebung die nötige Zeit, sich in einem Strom von überhitztem Metall und Gasschlag durch die Panzerung des Zieles zu brennen.

Um den Leopard 2 immer wieder auf dem gleichen Rüstungsstand wie den von ausländischen Waffensystemen zu halten, erfuhr er wiederholt eine Kampfwertsteigerung. Die jüngste Version ist der Leopard 2A5. *(Andreas Kirchhoff)*

Das am leichtesten von außen erkennbare Detail des Leopard 2A5 ist, verglichen mit anderen Versionen, der abnehmbare keilförmige Panzerschutz an der Frontseite des Turmes. *(Krauss-Maffei)*

US-amerikanische Panzer

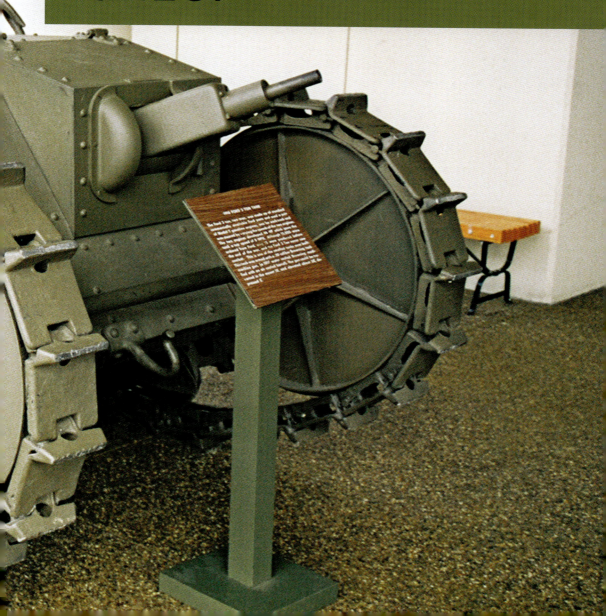

US-amerikanische Panzer

Weil die US-Industrie für den Entwurf und Bau von leichten oder schweren Panzern in der Endphase des Ersten Weltkrieges weder die Fähigkeit hatte noch die notwendige Infrastruktur besaß, die notwendig gewesen wäre, beschaffte die US Army leichte französische Panzer und schwere britische Panzer; Typen, die sich bereits im Felde bewährt hatten. Ein US-Nachbau des französischen leichten Panzers Renault FT-17, später als M1917 bekannt, wurde zu spät fertig gestellt, um noch auf den Schlachtfeldern des Ersten Weltkrieges zum Einsatz zu kommen. Er blieb in der US-Army aber noch bis in die 1930er Jahre in Gebrauch.

Begrenzte Finanzmittel und die Uneinigkeit innerhalb der Armeeführung über die Einsatzmöglichkeiten von Panzern während der Zeit vom Ende des Ersten Weltkrieges bis zum Beginn des Zweiten Weltkrieges am 1. September 1939 hatten zur Folge, dass der Entwicklung von Panzern in den USA keine besondere Priorität eingeräumt wurde. Es bedurfte erst des erfolgreichen Einsatzes der mittleren Panzer der Wehrmacht zwischen 1939 und 1941, um die US Army zu veranlassen, Finanzmittel und Kompetenz in die Entwicklung eigener mittlerer Panzer zu investieren. Ergebnis dieser Entwicklungsbemühungen war der mittlere Panzer vom Typ M4, allgemein als Sherman-Panzer bekannt, von dem nahezu 50.000 Kampfwagen von 1942 bis 1945 gebaut wurden.

Die Varianten des Sherman-Panzers, des wohl meistgebauten Panzers des Zweiten Weltkrieges, waren mit verschiedenen Waffen und Motortypen ausgerüstet. Obwohl nach den Standards von 1942 ein herausragender Entwurf, gelang es der US Army in der Folge nicht, mit den von der Wehrmacht zum Einsatz gebrachten neuen Panzertypen Schritt zu halten. Der Sherman war nach den Maßstäben des Jahres 1943 bereits veraltet. Trotz Mängeln bei Kanone und Bewaffnung wurde er nach verschiedenen, stufenweisen Verbesserungen bis zum Kriegsende in Europa im Mai 1945 eingesetzt.

Es bedurfte des Einsatzes einer kleinen Anzahl von mit einer 90 mm-Kanone bewaffneten schwe-

Vorhergehende Doppelseite: Im Ersten Weltkrieg entwickelten die Fordwerke einen leichten Zweimann-Panzer für die US Army. Er entsprach jedoch nicht den militärischen Erfordernissen – nur 15 Exemplare wurden fertig gestellt. *(Michael Green)*

ren Panzern vom Typ M26 Pershing (später als mittlerer Panzer eingestuft) während der letzten Monate des Krieges in Europa durch die US Army, um wenigstens in geringem Umfang der enormen Überlegenheit deutscher Panzer auf dem Schlachtfeld zu begegnen.

Sein Kampfpotential sollte der Pershing dann während des Korea-Krieges (1950–1953) beweisen, indem er leicht die von den Russen gelieferten mittleren Panzer der nordkoreanischen Gegner zerstören konnte.

Um der wachsenden Bedrohung eines möglichen Einmarsches der Sowjetarmee mit einer Angriffsspitze von Tausenden russischer Panzer in Westeuropa in den frühen 1950er Jahren begegnen zu können, war die US Army bestrebt, ihr Panzerarsenal zu verbessern. Als ein erster Schritt wurde der mittlere Panzer vom Typ M26 Pershing durch die Ausstattung mit einem neuen Motor verbessert und erhielt die Bezeichnung M46 Patton. Nachfolgemodell des verbesserten M46A1 Patton-Panzers war der mit einer 90 mm-Kanone bewaffnete mittlere M47 Patton. Unzufriedenheit mit dem M47 führte zur Einführung des mit einer 90 mm-Kanone bewaffneten mittleren Panzers M48 Patton. Feuerunterstützung auf lange Distanzen leistete der schwere Panzer vom Typ M103 mit einer 120 mm-Kanone. Als Reaktion auf die Einführung der neuen russischen Panzer in den 1950er Jahren entschied sich die US Army zur Einführung eines verbesserten M48 Patton-Panzers, bewaffnet mit einer 105 mm-Kanone und ausgerüstet mit einem Dieselmotor. Die verschiedenen Verbesserungen, die in diesen Panzerentwurf eingebracht wurden, mündeten in dem Hauptkampfpanzer M60, einem Panzertyp, der die Feuerkraft eines schweren Panzers mit dem Fahrgestell eines mittleren Panzers kombinierte und 1959 zur Einführung kam.

Als Ersatz für den M6-Panzer wurde der M1 Abrams eingeführt. Die ersten Kampfpanzer dieses Typs verließen 1981 die Fertigungsstätten. Ursprünglich mit einer 105 mm-Kanone bewaffnet, wurde er 1985 mit einer in Deutschland entwickelten 120 mm-Kanone ausgerüstet; so entstand der M1A1 Abrams. Zu den kampfwertgesteigerten Varianten gehört der M1A2 SEP, der 2001 erstmalig in der US Army eingeführt wurde. Er ist die fünfte und modernste Variante des Abrams-Panzers.

Der M1917 war der verbesserte amerikanische Nachbau des leichten französischen Panzers Renauld FT-17. Keiner dieser Kampfwagen konnte rechtzeitig fertig gestellt werden, um im Ersten Weltkrieg in Diensten der US Army noch zum Einsatz zu kommen. *(Michael Green)*

US-AMERIKANISCHE PANZER

Das Bild zeigt einen leichten Panzer der US Army vom Typ M1917 während eines Manövers in den 1920er Jahren. Dieser Kampfwagen war bei der US Army bis in die 1930er Jahre in Gebrauch. *(Patton Museum of Cavalry and Armor)*

LEICHTER PANZER M1917
Länge: 4,88 m
Breite: 1,72 m
Höhe: 2,28 m
Gewicht: ca. 7,3 Tonnen
Besatzung: 2 Mann
Bewaffnung: 1 Kanone 3,7 cm oder 1 Maschinengewehr

Der erste schwere Panzer der US Army war der Mark VIII, ein Kampfwagen, der für den Einsatz im Ersten Weltkrieg konzipiert war. Er hatte eine Besatzung von 11 Mann. Die Fertigung begann aber erst 1920, der Panzer wurde von der US Army 1932 ausgemustert. *(Patton Museum of Cavalry and Armor)*

Weil die frühen Panzerketten nur eine kurze Lebensdauer hatten, waren einige Panzermodelle so konzipiert, dass sie ohne Ketten auch auf Straßen fahren konnten, wie hier der mittlere Panzer T3 der US Army in den 1930er Jahren. *(Patton Museum of Cavalry and Armor)*

Ein M1-Kampfwagen, der zur Kavallerieabteilung des amerikanischen Heeres gehörte, nimmt an einer Winterübung in den späten 1930er Jahren teil. Das Fahrzeug hatte eine vierköpfige Besatzung und verfügte über drei Maschinengewehre. *(Patton Museum of Cavalry and Armor)*

US-AMERIKANISCHE PANZER

> **PANZER VERSUS KAMPFWAGEN**
> Die Bezeichnungen der US Army für Kettenfahrzeuge sind etwas verwirrend, da der US-Kongress den Entwicklungen von Kampfwagen für die Infanterie der US Army den Vorzug gab. Die Kavallerie der US Army bezeichnete ihre Kettenfahrzeuge als Panzer. Mit der Aufstellung der gepanzerten Truppen im Juli 1940 verschwand diese künstliche Unterteilung. Im Deutschen ist Kampfwagen ein Oberbegriff. Als Kampfpanzer wird ein gepanzertes Kettenfahrzeug bezeichnet, das zur Bekämpfung von anderen Kampfpanzern ausgelegt ist.

Im Bild ein leichter Panzer M2A2, der in den 1930er Jahren als Unterstützungspanzer für die US-Infanterie verwendet wurde, auf der früheren Panzerstraße auf dem Erprobungsgelände in Aberdeen/Maryland. Er hatte einen Doppelturm und war, bei einer Besatzung von vier Mann, mit Maschinengewehren bewaffnet. *(Dick Hunnicutt)*

Einem Privatsammler gehört dieser leichte Panzer vom Typ M3 Stuart, der als leichter Panzer bei der US Army im Dienst war. Dieser Kampfwagen war die verstärkte Version des leichten Panzers M2A4 und wurde im Zweiten Weltkrieg an viele mit den USA verbündete Länder ausgeliefert. *(Michael Green)*

Der leichte Panzer M5 Stuart hatte zwei abgeänderte, benzingetriebene Cadillac-Automotoren. Er war, mit der neu gestalteten Bugpartie seiner Wanne, die verbesserte Variante des leichten Panzers M3. *(Michael Green)*

US-AMERIKANISCHE PANZER

Alle leichten Panzer der Typen M3 und M5 waren mit einer 3,7 cm-Kanone bewaffnet, die sich aber als nutzlos gegen die mit verstärkter Panzerung versehenen mittleren und schweren deutschen Kampfpanzer des Zweiten Weltkrieges erwies. *(Christophe Vallier)*

Ein Blick in den Zweimann-Turm eines restaurierten leichten Panzers vom Typ M5 Stuart zeigt den geschlossenen Verschluss der 3,7 cm-Bordkanone und den Sitz für den Panzerkommandanten, der auch als Richtschütze fungierte. *(Michael Green)*

Der leichte Panzer M24 Chaffee, mit fünf Mann Besatzung, ersetzte den leichten Panzer M5 und war mit einer 7,5 cm-Kanone sowie 3 Maschinengewehren bewaffnet. *(Michael Green)*

LEICHTER PANZER M5
Länge: 4,80 m
Breite: 2,26 m
Höhe: 2,28 m
Gewicht: ca. 17 Tonnen
Besatzung: 4 Mann
Bewaffnung: 1 Bordkanone 3,7 cm, 3 Maschinengewehre

US-AMERIKANISCHE PANZER

Von der US Army wurden 1941 Überlegungen zum Entwurf eines kleinen Panzers angestellt, der leicht genug sein sollte, um mit einem Flugzeug transportiert werden zu können. Das Ergebnis war der M22 Locust mit einer 3,7 cm-Bordkanone. *(Christophe Valler)*

Gegenüberliegende Seite oben: Ein Ergebnis der amerikanischen Panzerphilosophie vor dem Zweiten Weltkrieg war der mittelschwere Panzer vom Typ M2A1, der mit einer in einem Turm untergebrachten 3,7 cm-Bordkanone sowie 7 Maschinengewehren bewaffnet war und eine Besatzung von 6 Mann hatte. *(Patton Museum of Cavalry and Armor)*

Gegenüberliegende Seite unten: Das Nachfolgemodel zum mittleren Panzer M2A1 in der US Army war der mittlere Panzer M3 mit einer 3,7 cm-Kanone in einem Turm und einer 7,5 cm-Kanone im Frontteil der Wanne, die einen eingeschränkten Seitenrichtbereich hatte. *(Michael Green)*

MITTLERER PANZER M3

Länge: 5,64 m

Breite: 2,72 m

Höhe: 3,13 m

Gewicht: ca. 30 Tonnen

Besatzung: 6 bis 7 Mann

Bewaffnung 1 Kanone 7,5 cm, 1 Kanone 3,7 cm, 3 Maschinengewehre

US-AMERIKANISCHE PANZER

Weil die US Army einen mittleren Panzer mit einer 7,5 cm-Kanone in einem rundum drehbaren Turm haben wollte, wurde der Panzer vom Typ M4 eingeführt, der als Sherman-Panzer bekannt werden sollte. *(Christophe Vallier)*

WIE DER SHERMAN-PANZER ZU SEINEM NAMEN KAM
Die US Army verwendete bis zum Januar 1945 für ihre Kettenfahrzeuge keine Namen. Es war die britische Armee, die offiziell den Namen „General Sherman" als Bezeichnung einführte, der im Sprachgebrauch dann auf „Sherman" verkürzt wurde, benannt nach dem General der Nordstaatenarmee im amerikanischen Bürgerkrieg William Tecumseh Sherman. Mit „Sherman" wurden dann die vielen mittleren Panzer des Typs M4 bezeichnet, die seit 1942 als Teil der amerikanischen Militärhilfe, die unter dem Namen „Lend Lease" bekannt ist, nach England verschifft worden sind.

Die Aufnahme aus der Position des Ladeschützen eines Sherman-Panzers M4A1 zeigt den Sitz des Fahrers mit den Kontrollhebeln für die Steuerung der linken und rechten Kette sowie das Getriebe des Kampfwagen auf der rechten Seite. *(Michael Green)*

Das Bild zeigt eine Variante des Sherman-Panzers. Während alle Sherman-Panzer den aus einem Stück Panzerstahl gegossenen Turm hatten, waren die Wannen mancher Sherman-Panzer aus gewalzten Panzerstahlplatten zusammengeschweißt, wie das abgebildete Fahrzeug zeigt. *(Michael Green)*

> **MITTLERER PANZER M4A1**
> Länge: 5,87 m
> Breite: 2,59 m
> Höhe: 2,74 m
> Gewicht: ca. 33 Tonnen
> Besatzung: 5 Mann
> Bewaffnung: 1 Bordkanone 7,5 cm, 3 Maschinengewehre

Viele der mittleren M4 Sherman-Panzer besaßen eine gegossene Wanne aus Panzerstahl, wie hier der M4A1. Tests, die die US Army durchführen ließ, zeigten aber, dass Wannen, zusammengeschweißt aus gewalzten Panzerstahlplatten, den als Gussteil gefertigten überlegen waren. *(Michael Green)*

In geringerer Stückzahl als der mittlere M4 Sherman-Panzer wurde der M4A3E2-Angriffspanzer hergestellt, der „Jumbo" genannt wurde. Er unterschied sich von den normalen Sherman-Panzern nur durch seine zusätzliche Panzerung. *(David Marian)*

M4A3W(76)-HVSS-SHERMAN-PANZER

Länge mit nach vorn gerichteter Kanone: 7,47 m

Breite: 2,94 m

Höhe: 2,89 m

Gewicht: 37 Tonnen

Besatzung: 5 Mann

Bewaffnung: 1 Bordkanone 7,6 cm, 3 Maschinengewehre

US-Firmen begannen 1944 eine zweite Generation des mittleren Sherman-Panzers zu bauen. Dieser Kampfwagen hatte breitere Ketten und war mit einer 7,6 cm-Kanone mit längerem Rohr bewaffnet. *(Patton Museum of Cavalry and Armor)*

US-AMERIKANISCHE PANZER

Als Jagdpanzer zur Bekämpfung feindlicher Panzer hatten die Amerikaner im Zweiten Weltkrieg den M18 entwickelt, der auch als „Hellcat" (dt. Hexe) bezeichnet wurde. Dieser Jagdpanzer hatte eine Besatzung von 4 Mann und war mit einer 7,6 cm-Kanone bewaffnet. *(Michael Green)*

Gegenüberliegende Seite oben: In bestimmten Stückzahlen kamen in der US Army während des Zweiten Weltkrieges Jagdpanzer zum Einsatz. Einer dieser Typen war der M10 mit dem Fahrgestell eines Sherman-Panzers und einer 7,62 cm-Kanone als Hauptwaffe. *(Christophe Vallier)*

Gegenüberliegende Seite unten: Unzufriedenheit mit der geringen Durchschlagsleistung der 7,62 cm-Kanone an Bord des M10-Panzerjägers veranlasste die US Army, den M36 als Panzerjäger einzusetzen, bewaffnet mit einer wirkungsvolleren 90 mm-Bordkanone. *(Christophe Vallier)*

US-AMERIKANISCHE PANZER

Im Jahr 1942 begann die US Army mit den Entwicklungsarbeiten für einen neuen mittleren Panzer. Nach fast drei Jahren harter Arbeit entstand 1945 der mit einer 90 mm-Kanone bewaffnete M26 Pershing-Panzer. *(Bob Fleming)*

Ein Blick ins Kampfwageninnere aus der Kommandantenluke eines M26A1 Pershing-Panzers zeigt den schweren Verschluss der 90 mm-Bordkanone auf der linken Seite und den Sitz des Richtschützen mit den Bedienungselementen für die Richtmittel auf der rechten Seite. *(Michael Green)*

Einer der schweren US-Panzer, die im Zweiten Weltkrieg entwickelt wurden, war der T-29, der mit einer 105 mm-Kanone bewaffnet war. Die US Army hatte ursprünglich 1.200 Modelle bestellt, stornierte aber später den Auftrag. *(Michael Green)*

US-AMERIKANISCHE PANZER

Der mittlere Panzer M46 Patton war eine modernisierte Variante des mittleren Panzers M26 Pershing mit einem automatischen Getriebe und einem stärkeren Benzinmotor. Die 90 mm-Bordkanone des Pershing-Panzers wurde übernommen. *(Patton Museum of Cavalry and Armor)*

MITTLERER PANZER M46 PATTON
Länge mit nach vorn gerichteter Kanone: 8,43 m
Breite: 3,48 m
Höhe: 3,05 m
Gewicht: ca. 49 Tonnen
Besatzung: 5 Mann
Bewaffnung: 1 Bordkanone 90 mm, 3 Maschinengewehre

Der Ausbruch des Korea-Krieges (1950–1953) zwang die US Army, eine neue Typenreihe von Panzern, einschließlich eines leichten, mittleren und schweren Kampfpanzers, zum Einsatz zu bringen. Der Panzer M41 Walker Bulldog war als leichter Panzer konzipiert worden. *(Michael Green)*

Die Fertigung des mit der 90 mm-Kanone als Hauptwaffe bewaffneten M47 Patton-Panzers begann im Juni 1951. Dieser für 5 Mann Besatzung ausgelegte Panzer hatte an der Turmrückseite einen ausgeprägten Erker, der die Funkgeräte dieses Kampfwagens enthielt. *(Patton Museum of Cavalry and Armor)*

SCHWERER PANZER M103
Länge mit nach vorn gerichteter Kanone: 11,38 m
Breite: 3,53 m
Höhe: 3,55 m
Gewicht: ca. 62,5 Tonnen
Besatzung: 5 Mann
Bewaffnung: 1 Bordkanone 120 mm,
2 Maschinengewehre

Der mit einer 120 mm-Kanone als Hauptwaffe bewaffnete schwere Panzer M103 sollte in der US Army die mittleren Kampfpanzer unterstützen, indem er die schweren Kampfpanzer der Roten Armee, wie den IS-3 Stalin, der mit einer 122 mm-Kanone als Hauptwaffe bewaffnet war, vernichten sollte. *(TACOM Historical Office)*

HERKUNFT DER BEZEICHNUNG „PATTON" BEIM PATTON-PANZER
Der Patton-Panzer wurde von der US Army zu Ehren und in Erinnerung an einen ihrer bekanntesten und berühmtesten militärischen Führer, General George S. Patton, benannt, der die 3. US-Armee, an ihrer Spitze Sherman-Panzer, im Zweiten Weltkrieg zum Sieg über die deutsche Wehrmacht geführt hatte. In zeitgenössischen Zeitungen wurde er „Old Blood and Guts" (dt. in etwa „Alter schneidiger Haudegen") genannt.

Mit einem Tarnanstrich zum Einsatz in Wüstengebieten sind hier zwei mittlere M48A3 Patton-Panzer des Marine Corps, mit einer 90 mm-Kanone bewaffnet, bei einer Übung zu sehen. Der M48 hatte nur vier Mann Besatzung. *(Defense Visual Information Center)*

Als Ersatz für den mittleren Panzer M48 Patton mit der 90 mm-Kanone und den schweren Panzer M103 mit einer 120 mm-Kanone wurde der M60 mit einer 105 mm-Kanone als Hauptkampfpanzer (Main Battle Tank, MBT) eingeführt. *(Dick Hunnicutt)*

US-AMERIKANISCHE PANZER

HAUPTKAMPFPANZER M60A1
Länge mit nach vorn gerichteter Kanone: 9,45 m
Breite: 3,58 m
Höhe: 3,23 m
Gewicht: ca. 52,5 Tonnen
Besatzung: 4 Mann
Bewaffnung: 1 Bordkanone 105 mm, 2 Maschinengewehre

Nicht zufrieden mit dem Panzerschutz des abgerundeten Turms an den Panzern vom Typ M60, wurde ein verlängerter und stärker gepanzerter Turm bei den Panzern des Typs M60A1, wie hier im Bilde, entwickelt. *(Defense Visual Information Center)*

Ein Engpass in den Stückzahlen der M60A-Panzer veranlasste die US Army in den 1970er Jahren, die 90 mm-Kanone an den älteren Modellen des mittleren Panzers M48 durch eine 105 mm-Bordkanone zu ersetzen. Diese Panzer wurden in der Folge als M48A5 Patton bezeichnet. *(Michael Green)*

Der Panzerkommandant eines M60A3-Panzers der US Army hält in der rechten Hand den Schalthebel für die Drehbewegung des Turmes. Er trägt als Angehöriger einer Kampfwagen-Besatzung (Combat Vehicle Crewmember, CVC) einen Schutzhelm mit Kopfhörer und Mikrophon. *(Defense Visual Center)*

US-AMERIKANISCHE PANZER

LEUCHTSPUR
Fast alle von Panzern abgefeuerten Projektile sind Leuchtspurgeschosse. Kinetische Energie-Geschosse sind als Fehlschüsse kaum zu beobachten, da sie auch beim Auftreffen in den Boden nicht detonieren. Daher sind Leuchtspurgeschosse zur Trefferbeobachtung sinnvoller. Auf Nachtfotos erscheint die Leuchtspur oft verwackelt, was durch Schwingungen der Kamera infolge des Mündungsdrucks der Treibgase verursacht wird.

Hier ist während einer Nachtübung das Mündungsfeuer einer 105 mm-Bordkanone, der Hauptwaffe des M60A1-Panzers, zu sehen. Ebenso sind die Leuchtspuren anderer Geschosse erkennbar. *(Defense Visual Information Center)*

Der M60A2-Panzer war mit einer kurzrohrigen 152 mm-Kanone bewaffnet, aus der auch treffsicher ein schwerer Anti-Tank-Flugkörper, der „Shillelagh" (dt.: Knüppel), auf eine Distanz von 3.000 m verschossen werden konnte. *(TACOM Historical Office)*

Die Besatzung eines M551 Sheridan hat sämtliche Granatpatronen und die Panzerbekämpfungsflugkörper, die normalerweise an Bord des Kampfwagens verstaut sind, ausgelegt. Der Sheridan war mit der gleichen 152 mm-Kanone, die auch als Startvorrichtung für Anti-Tank-Flugkörper diente, wie der M60A2 bewaffnet. *(Defense Visual Information Center)*

US-AMERIKANISCHE PANZER

Im Inneren des Turmes eines M551 Sheridan sind einige der Anti-Panzer-Flugkörper Shillelagh auf der linken Seite zu sehen, ferner rechts der geöffnete Verschluss der 152 mm-Kanone, die auch als Starter für die Flugkörper diente. *(Michael Green)*

LEICHTER PANZER VOM TYP M551 SHERIDAN
Länge: 6,28 m
Breite: 2,92 m
Höhe: 2,92 m
Gewicht: ca. 17 Tonnen
Besatzung: 4 Mann
Bewaffnung: 1 Kanone 152 mm/Starter für Flugkörper, 2 Maschinengewehre

Nachdem die Sheridans veraltet waren, wurden sie als auf Grund ihrer Ähnlichkeit mit Panzern der Sowjetarmee oder anderen gepanzerten Fahrzeugen für Ausbildungszwecke verwendet und als „Vis-Mods" [Visual Modification Set] bezeichnet. Der hier abgebildete M551 soll einen Schützenpanzerwagen der Sowjetarmee darstellen. *(Defense Visual Information Center)*

Um ihre M60A1 Sheridan-Panzer gegen Panzernahbekämpfungsmittel von Infanteristen zu schützen, ließ das US Marine Corps Elemente einer explosiven Reaktivpanzerung an den Außenseiten der Wanne und am Turm anbringen. *(Defense Visual Information Center)*

US-AMERIKANISCHE PANZER

Zur Kampfwertsteigerung erhielt der M60A1 der US Army einen Laserentfernungsmesser, einen neuen Feuerleitrechner und einen Rauchabsauger auf dem Rohr. Diese Nachrüstungen führten zum hier abgebildeten M60A3. *(Defense Visual Information Center)*

Anfang der 1970er Jahre ging die US Army daran, den M60 Panzer zu ersetzen. Das Ergebnis war der M1 Abrams-Panzer mit einer 105 mm-Kanone als Hauptwaffe. *(TACOM Historical Office)*

Wannen des M1 Abrams-Panzers in der Serienfertigung. Die Fertigung des ursprünglich 60 Tonnen schweren und mit einer 105 mm-Kanone bewaffneten Abrams begann 1980. *(General Dynamics Land Systems)*

US-AMERIKANISCHE PANZER

KAMPFPANZER M1A1 ABRAMS
Länge mit nach vorn gerichteter Kanone: 9,75 m
Breite: 3,75 m
Höhe: 2,87 m
Gewicht: ca. 63 Tonnen
Besatzung: 4 Mann
Bewaffnung: 1 Bordkanone 120 mm,
3 Maschinengewehre

Die 63 Tonnen schwere Variante des M1A1 Abrams wurde 1985 erstmalig ausgeliefert. Dieser Kampfpanzer war mit der 120 mm-Bordkanone deutscher Entwicklung bewaffnet und mit verbessertem Panzerschutz ausgerüstet. *(Defense Visual Information Center)*

Der Panzerkommandant eines 70 Tonnen schweren M1A2-Panzers der US Army mit Informations- und Führungssystem (System Enhancement Package = SEP) schaut durch die Prismen der Sehschlitze seiner Kommandantenkuppel nach außen. Die SEP-Anlage ist die jüngste Entwicklung für den Abrams-Panzer. (*Department of Defense*)

US-AMERIKANISCHE PANZER

Der hohe Entwicklungsstand des Feuerleitsystems für den Abrams-Panzer ermöglicht prinzipiell auf jedes Ziel innerhalb von ca. 3.000 m eine Erstschuss-Trefferwahrscheinlichkeit. Selbst Treffer auf Ziele über weitere Entfernungen sind keine Unmöglichkeit. *(Defense Visual Information Center)*

WÄRMEBILDERFASSUNGSSYSTEME
sind hochkomplexe Wärmepeilgeräte, die Bilder von Objekten auf einem Monitor im Inneren eines Panzers darzustellen in der Lage sind. Seit diese Geräte die Wärmeabstrahlung von Objekten erfassen und dafür kein sichtbares Licht mehr benötigen, ist ein Richtschütze in der Lage, selbst in der dunkelsten Nacht ein Ziel ungesehen und unbemerkt zu erfassen und dann zu bekämpfen.

Der Ladeschütze an der 105 mm-Kanone, mit der die ursprüngliche Version des M1 Abrams bewaffnet war, schickt sich an, eine Granate in den Verschluss der Bordkanone zu schieben.
(Defense Visual Information Center)

Auf einem Panzerschießplatz im Mittleren Osten hat ein Abrams M1A1-Panzer mit der Bordkanone gerade einen Schuss abgegeben. Das Projektil bewegt sich mit einer Geschwindigkeit von mehr als 1.500m/sec auf das Ziel. *(Defense Visual Information Center)*

Russische Panzer

Russische Panzer

Während des russischen Bürgerkrieges (1917–1922) erbeutete die Rote Armee einige der französischen und britischen Panzer, mit denen ihr Gegner, die Weiße Armee, ausgerüstet war und setzte sie gegen ihre einstigen Besitzer ein. In der Zeit nach dem Bürgerkrieg bestand die Rote Armee auf die Entwicklung eigener Panzer, was durch die mit gewaltigen Anstrengungen vorangetriebene, in den 1920er Jahren beginnende und bis in die 1930er Jahre fortwährende massive Industrialisierung der russischen Wirtschaft gefördert wurde.

Während die frühen Panzerentwürfe der Roten Armee eher improvisierte oder auch verbesserte Kopien ausländischer Panzer waren, hatte man um 1940 einen so hohen Grad an Erfahrung gewonnen, dass man nun eigene Entwicklungen hervorbringen konnte.

Als die deutsche Wehrmacht im Sommer 1941 die Sowjetunion angriff, stand sie einer Roten Armee gegenüber, die über etwa 23.000 Panzer verfügte (und damit über mehr als alle Panzer der übrigen Welt zusammengenommen). Zum Glück für die Wehrmacht waren die meisten Panzer der Roten Armee veraltet und schlecht gewartet. Allerdings befanden sich unter dieser Masse an Stahl fast 1.000 mittelschwere Panzer des Typs T-34/76, der seit 1940 in der Roten Armee im Dienst stand.

Seine hervorragende Beweglichkeit, geschützt durch eine starke Panzerung mit für damalige Verhältnisse ideal geneigten Panzerflächen, samt seiner 7,6 cm-Kanone ließ alle Panzerabwehrgeschütze und jeden Panzer der Wehrmacht über Nacht veralten. Um diesem Panzer etwas entgegensetzen zu können, ließen sich die deutschen auf einen regelrechten Wettlauf mit russischen Panzerkonstrukteuren ein, der bis zum Mai 1945 anhielt.

Während die Deutschen als Antwort auf den T-34/76 Panzer den „Panther" und „Tiger" heraus-

Vorhergehende Doppelseite: Ein anderer britischer Panzer, der während des russischen Bürgerkrieges an die Weiße Armee für den Kampf gegen die Rote Armee geliefert wurde, war der mittlere Whippet-Panzer. Der zweimotorige Whippet war nur mit einem Maschinengewehr bewaffnet. *(Michael Green)*

brachten, ruhte sich die russische Industrie keineswegs auf ihrem Lorbeer aus und entwickelte einen mittelschweren T-34-Panzer mit einer 8,5 cm-Kanone, der als T-34/85 bezeichnet wurde.

In Verbindung mit dem im Kampfwert gesteigerten T-34/85 führte Russland 1944 den schweren Panzer IS-2 Joseph Stalin ein, der mit einer 122 mm-Kanone bewaffnet war.

Noch vor der Kapitulation Deutschlands arbeiteten die russischen Panzerkonstrukteure an der nächsten Generation von Panzern. Der wichtigste und in größten Stückzahlen gebaute Panzer sollte der mittlere Panzer T-54/55 sein, bewaffnet mit einer 100 mm-Kanone als Hauptwaffe. Die ersten Prototypen des T-54 tauchten 1946 auf und der T-55 im Jahre 1956. Einschließlich der Lizenzfertigungen und ausländischen Nachbauten des T-54/55 wurden schätzungsweise mehr als 100.000 Kampfwagen dieses Typs fertig gestellt, der damit zum meistgebauten Panzer der Welt wurde.

Als 1960 in Westeuropa der amerikanische Hauptkampfpanzer M60, mit einer 105 mm-Kanone bewaffnet, eingeführt wurde, nahmen die russischen Panzerkonstrukteure eine verlängerte Wanne des T-55 und setzten einen verlängerten Turm mit einer 115 mm-Kanone darauf. Der auf diese Weise aufgerüstete mittlere T-55 Panzer erhielt die Bezeichnung Hauptkampfpanzer T-62. Mehr als 20.000 Kampfwagen dieses Typs verließen von 1962 bis 1978 die Werkshallen.

Während des russischen Bürgerkrieges rüsteten die französische und britische Armee die Weiße Armee zum Kampf gegen die bolschewistische Rote Armee mit etwa 130 Tanks aus. Dazu gehörte auch der hier abgebildete schwere britische Tank vom Typ Mark V. *(Vladimir Yakubow)*

RUSSISCHE PANZER

Der T-64, bewaffnet mit der starken 125 mm-Bordkanone als Hauptwaffe, war der erste Ersatz für den mittleren Panzer T-54/55 und den T-62 bei der Sowjetarmee, der früheren Roten Armee.

Die Fertigung dieses Panzers begann 1973 und endete 1987. Es wurden etwa 8.000 Kampfpanzer dieses Typs gebaut. Niemals exportiert, hatte der kostenintensive T-64 einige Probleme hinsichtlich seiner Konstruktion, was dadurch bedingt war, dass die Sowjetarmee 1971 mit der Fertigung eines weniger kostenintensiven Hauptkampfpanzers, des T-72, voranschritt, der mit der gleichen 125 mm-Bordkanone wie der T-64 bewaffnet war. Es wurden in russischer und ausländischer Lizenzfertigung über 20.000 Kampfwagen des Typs T-72 gebaut.

Eine weitere Alternative zum T-64 war der in der Sowjetarmee eingeführte T-80 Hauptkampfpanzer, der mit einer 125 mm-Kanone bewaffnet war und dessen Fertigung 1976 aufgenommen wurde. Über 4.500 Kampfpanzer des Typs T-80 entstanden für die Sowjetarmee und ausländische Nutzer, bevor die Produktion in den späten 1990er Jahren auslief. Mit dem Zusammenbruch der Sowjetunion 1991 wurde aus der Sowjetarmee die Armee der Russischen Föderation. Der neueste Panzer der Armee der Russischen Föderation ist der T-90, eine modernisierte Variante des T-72, der 1994 eingeführt wurde.

Während des russischen Bürgerkrieges erbeutete die Rote Armee von der Weißen Armee eine Anzahl von leichten Panzern der französischen Armee vom Typ FT-17. Fünfzehn nachgebaute Exemplare dieses Kampfwagenmodells erhielten die Bezeichnung leichter Panzer „Freiheitskämpfer Lenin" oder leichter Panzer „M". (*Vladimir Yakubow*)

Die Rote Armee nutzte den leichten Panzer T-18 in den Jahren zwischen 1928 und 1942. Dieser Panzer war mit einer 3,7 cm-Kanone und zwei Maschinengewehren in einem Turm bewaffnet und war im Grunde genommen eine verbesserte Variante des französischen leichten Panzers FT-17. *(Vladimir Yakubow)*

Mit finnischen Hoheitsabzeichen versehen ist dieser frühere leichte Zweimann-Panzer der Roten Armee vom Typ T-26, der mit einer 4,5 cm-Bordkanone bewaffnet ist. Auch der T-26 war nahezu ein exakter Nachbau des britischen Entwurfes für einen leichten Panzer, den die Rote Armee 1930 übernommen hatte. *(Tank Museum Bovington)*

RUSSISCHE PANZER

Ein zerstörter leichter Panzer vom Typ T-26 der Roten Armee wartet auf den Schrotthändler. Russische Werke produzierten 4.500 Kampfwagen des Typs T-26 in den Jahren 1932 bis 1939. *(Patton Museum of Cavalry and Armor)*

LEICHTER PANZER T-26
Länge: 4,63 m
Breite: 2,44 m
Höhe: 2,08 m
Gewicht: ca. 9 Tonnen
Besatzung: 3 Mann
Bewaffnung: 1 Kanone 4,5 cm, 2 Maschinengewehre

DIE AUFGABE DER KETTENRÄDER
Die Kettenräder an jeder Seite eines Kettenfahrzeuges erhalten ihre Kraft durch den Panzermotor über ein Getriebe. Eine durch das Getriebe erreichte Drehzahlverringerung der Kettenräder erhöht ihr Drehmoment. Wenn die Laufrollen über die Kette gerollt sind, wird sie am Ende des Fahrzeuges durch das Kettenrad angehoben. Die durch das Kettenrad hervorgerufene Bewegung der Kette ist die Traktion zwischen Fahrzeug und Boden.

Der leichte Amphibienpanzer der Roten Armee vom Typ T-37 war der Nachbau eines britischen Panzers, den die Russen 1930 gekauft hatten. Etwa 1.200 Kampfwagen vom Typ T-37 wurden von der Roten Armee zwischen 1933 und 1936 in Dienst gestellt. *(Patton Museum of Cavalry and Armor)*

Ein leichter Panzer der Roten Armee, der während des Zweiten Weltkrieges gebaut wurde, war der Zweimannpanzer T-60, der mit einer 2 cm-Maschinenkanone bewaffnet war. Während des Zweiten Weltkrieges bauten Russische Fabriken mehr als 6.000 Kampfwagen vom Typ T-60. *(Vladimir Yakubov)*

RUSSISCHE PANZER

Bei einer öffentlichen Vorführung führen Freiwillige einen leichten Panzer vom Typ T-70 aus der Zeit des Zweiten Weltkrieges mit Kennungen der Roten Armee vor. Von 1942 bis 1943 verließen über 8.000 Panzer T-70 die Werkhallen. *(R. Bazalevsky)*

Der schnelle Panzer BT-7 war der Höhepunkt leichter Panzer-Typen der Roten Armee, die auf dem Kettensystem des US-Erfinders J. W. Christie basierten. Dieser Dreimann-Panzer war mit einer 4,5 cm-Kanone bewaffnet. *(Patton Museum of Cavalry and Armor)*

SCHNELLER PANZER BT-7
Länge: ca. 5,67 m
Breite: ca. 2,30 m
Höhe: 2,41 m
Gewicht: 15 Tonnen
Besatzung: 3 Mann
Bewaffnung: 1 Kanone 4,5 cm, 1 Maschinengewehr

Zwischen 1939 und 1941 wurde der leichte Panzer T-50 entwickelt, der als Ersatz der von der Roten Armee genutzten leichten Panzer der Typen T-26 und BT geplant war. Schwierigkeiten in der Fertigung ließen das Vorhaben scheitern. Es wurden nur 63 Kampfwagen dieses Typs fertig gestellt. *(Vladimir Yakubov)*

RUSSISCHE PANZER

Ein mittlerer T-28 Panzer nimmt während des Zweiten Weltkrieges an einer Parade teil. Dieser Panzer mit sechs Mann Besatzung hatte drei Türme, einer bewaffnet mit einer 7,62 cm-Kanone, die anderen beiden mit Maschinengewehren. *(Patton Museum of Cavalry and Armor)*

FAHRWERK

Die Elemente Endgetriebe, Kettenräder, Umlenkräder, Ketten und Laufrollen, die sich außerhalb der Wanne befinden, bilden das Fahrwerk eines Panzers. Die nicht angetriebenen Umlenkräder für jede Kette befinden sich an der Vorderseite des Fahrzeuges, wenn die Kettenräder an dessen Hinterseite sind, und umgekehrt, wenn die Kraft über die vorderen Kettenräder auf die Kette übertragen wird.

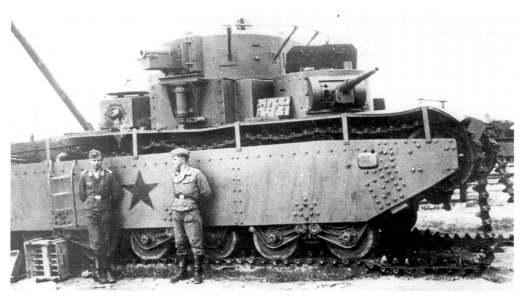

Wehrmachtsoldaten vor einem abgeschossenen schweren Panzer vom Typ T-35 der Roten Armee. Er war ausgerüstet mit drei Türmen, einem Turm mit einer 7,62 cm-Kanone und zwei anderen Türmen mit je einer 4,5 cm-Kanone. Die Rote Armee verfügte nur über 61 solcher Kampfwagen. *(Patton Museum of Cavalry and Armor)*

SCHWERER PANZER T-35
Länge: 9,70 m
Breite: 3,20 m
Höhe: 3,43 m
Gewicht: ca. 55 Tonnen
Besatzung: 11 Mann
Bewaffnung: 1 Kanone 7,62 cm, 2 Kanonen 4,5 cm, 6 Maschinengewehre

Begraben unter einer Schneedecke liegt das einzige Exemplar des Prototyps für den schweren Panzer SMK der Roten Armee, der während des Russisch-Finnischen Krieges (1939–1940) abgeschossen wurde. Der Entwurf des SMK führte zu den schweren Panzern vom Typ KW. *(Patton Museum of Cavalry and Armor)*

RUSSISCHE PANZER

SCHWERER PANZER KW-1
Länge: 6,28 m
Breite: 3,10 m
Höhe: 2,40 m
Gewicht: ca. 52 Tonnen
Besatzung: 5 Mann
Bewaffnung: 1 Kanone 7,62 cm, 3 Maschinengewehre

Bei dem schweren Panzer vom Typ KW hielten es die russischen Konstrukteure für besser, anstelle von zwei nur noch einen Turm einzubauen. So entstand der schwere Panzer KW-1. *(Michael Green)*

Der plump aussehende, schwere Panzer KW-2 der Roten Armee trägt auf der Wanne einen kastenförmigen Turm mit einer 15,2 cm-Haubitze. Er war gedacht zur Bekämpfung von gegnerischen Feldbefestigungen. *(Patton Museum of Cavalry and Armor)*

Im Zweiten Weltkrieg war der mittlere Panzer vom Typ T-34/76 mit vier Mann Besatzung und einer 7,62 cm-Kanone als Hauptwaffe das Arbeitstier der Roten Armee. Russische Hersteller fertigten zwischen 1940 und 1944 etwa 34.000 Kampfpanzer dieses Typs. *(Michael Green)*

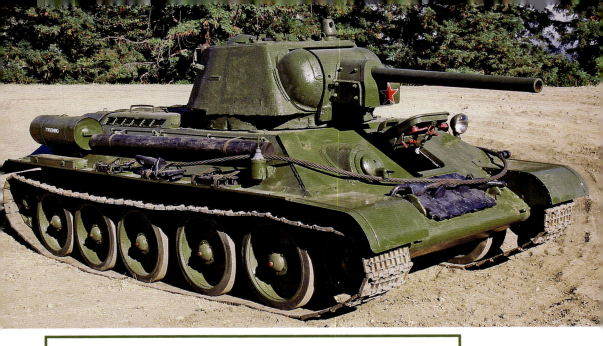

MITTLERER PANZER T-34/85
Länge: 7,50 m
Breite: 2,92 m
Höhe: 2,33 m
Gewicht: ca. 35 Tonnen
Besatzung: 5 Mann
Bewaffnung: 1 Kanone 8,5 cm, 2 Maschinengewehre

Gegenüberliegende Seite oben: Der Panzerkommandant eines T-34/76 Panzers der Roten Armee musste gleichzeitig auch die Aufgabe eines Ladeschützen übernehmen. Dies erschwerte die Beobachtung des Kampfgeschehens außerhalb seines Kampfwagens erheblich. *(Michael Green)*

Gegenüberliegende Seite unten: Um der Bedrohung durch deutsche Panzer mit einer stärkeren Panzerung zu begegnen, kam bei der Roten Armee 1944 der mittlere Kampfpanzer T-34/85 mit fünf Mann Besatzung und einer 8,5 cm-Kanone zum Einsatz. *(Michael Green)*

Russische Hersteller bauten während des Zweiten Weltkrieges ungefähr 23.000 Kampfwagen vom Typ T-34/85. Etwa 22.000 weitere verließen die Werkhallen vom Juli 1945 bis 1950. *(Andreas Kirchhoff)*

RUSSISCHE PANZER

Der vordere Besatzungsraum eines mittleren T-34/85 Panzers zeigt auf der linken Seite den Fahrersitz und auf der rechten Seite den Sitz für den Maschinengewehrschützen. Im Turm standen der Panzerkommandant sowie der Richt- und Ladeschütze. *(Michael Green)*

Als Ersatz für den schweren Panzer vom Typ KW-1 erhielt die Rote Armee den schweren Panzer IS-2, mit vier Mann Besatzung und einer 122 mm-Kanone als Hauptwaffe. Er kam erstmalig im April 1944 zum Einsatz. Russische Hersteller bauten von 1943 bis 1945 etwa 4.000 Kampfpanzer dieses Typs. *(Christophe Vallier)*

SCHWERER PANZER IS-3
Länge: 9,98 m
Breite: 3,20 m
Höhe: 2,72 m
Gewicht: ca. 51 Tonnen
Besatzung: 4 Mann
Bewaffnung: 1 Bordkanone 122 mm,
2 Maschinengewehre

Zu spät, um noch zum Einsatz zu kommen, wurde in der Roten Armee der schwere Panzer vom Typ IS-3 Stalin mit vier Mann Besatzung und einer 122 mm-Kanone als Hauptwaffe eingeführt. Dieser Panzer war während der 1950er Jahre noch im Dienst. (R. Bazalevsky)

RUSSISCHE PANZER

Als Hilfsmaßnahme im Kampf der Sowjetunion gegen Hitler-Deutschland im Zweiten Weltkrieg lieferten die Engländer und die Amerikaner Tausende von Panzern an die Rote Armee, worunter sich nahezu 5.500 mittlere Panzer vom Typ M4 befanden. *(Patton Museum of Cavalry and Armor)*

Von 1946 bis 1958 bauten sowjetische Hersteller etwa 35.000 mittlere Kampfpanzer vom Typ T-54. Zusätzlich wurden etwa 25.000 dieser Kampfwagen in Lizenzfertigung oder als Nachbauten hergestellt, wobei China die größte Stückzahl produzierte. *(Michael Green)*

Der mittlere Kampfpanzer vom Typ T-54, mit einer 100 mm-Kanone bewaffnet, war in den Ostblockstaaten weit verbreitet. Das Bild zeigt T-54-Panzer der polnischen Armee bei einer Parade. *(Patton Museum of Cavalry and Armor)*

RUSSISCHE PANZER

Zu den zahlreichen Armeen, die eine größere Stückzahl von T-54 Panzern erhielten, gehörte auch die Armee des Irak. Das Bild zeigt einen von den Amerikanern im Irakkrieg 1991 abgeschossenen T-54 Panzer. *(Defense Visual Information Center)*

Ein modernisierter chinesischer Nachbau des mittleren Panzers russischer Konstruktion vom Typ T-54 nimmt in der von den Amerikanern unterstützten irakischen Armee an einer Übung teil. Der Panzer trägt nun als Hauptkampfpanzer die Bezeichnung Typ 69-11. (*Department of Defense*)

Der mittlere T-55-Kampfpanzer war ein mittelschwerer, kampfwertgesteigerter T-54, der von seinem Vorgängermodell zwar noch die 100 mm-Bordkanone übernahm, darüber hinaus aber die Fähigkeit zum Einsatz in nuklear verstrahltem Gelände besaß. Der hier abgebildete T-55 trägt tschechische Heereskennungen. (*Michael Green*)

RUSSISCHE PANZER

MITTLERER KAMPFPANZER T-55
Länge: 8,99 m
Breite: 3,28 m
Höhe: 2,38 m
Gewicht: ca. 40 Tonnen
Besatzung: 4 Mann
Bewaffnung: 1 Bordkanone 100 mm,
2 Maschinengewehre

Diese beiden Nachbauten chinesischer Fertigung des mittleren Kampfpanzers vom Typ T-54/55, als T-59 II-Hauptkampfpanzer bezeichnet, sind mit einer 105 mm-Kanone als Hauptwaffe bestückt. Diese Kanone ist der Nachbau einer 105 mm-Kanone britischer Entwicklung. *(Defense Visual Information Service)*

PANZERBESATZUNGEN
Mittlere und schwere Panzer des Zweiten Weltkrieges und der Zeit kurz danach hatten im Allgemeinen eine Besatzung von fünf Mann, nämlich den Panzerkommandanten mit dem Richt- und Ladeschützen im Turm, den Fahrer und einen Hilfsfahrer/Maschinengewehrschützen im Vorderteil der Wanne. In deutschen Panzern der Wehrmacht war der Maschinengewehrschütze im Vorderteil auch der Funker. Nach dem Zweiten Weltkrieg entfiel der Hilfsfahrer/Maschinengewehrschütze in den meisten Panzertypen, so dass die Panzerbesatzungen nur noch aus vier Mann bestanden.

Die chinesische Rüstungsindustrie hatte fortwährend die von ihr hergestellten Varianten des mittleren Panzers T-54/55 verbessert. Im Bild der in China gebaute Hauptkampfpanzer der pakistanischen Armee, Typ 85 II, mit einer 125 mm-Kanone. (*Tank Museum Bovington*)

In einem Museum ausgestellt, ist der schwere Panzer T-10 mit einer 122 mm-Bordkanone das Beispiel eines frühen Prototyps für einen schweren Panzer nach dem Zweiten Weltkrieg. Die Produktion begann in den frühen 1950er Jahren und endete 1962. (*Vladimir Yakubov*)

RUSSISCHE PANZER

Der leichte amphibische Panzer PT-76 wurde von der Sowjetarmee als Spähpanzer eingesetzt. Er war mit einer 77 mm-Kanone als Hauptwaffe bewaffnet. Der Antrieb im Wasser erfolgte über ein Wasserstrahlsystem. (*Michael Green*)

LEICHTER SCHWIMMPANZER PT-76
Länge: 7,61 m
Breite: 3,15 m
Höhe: 2,19 m
Besatzung: 3 Mann
Gewicht: ca. 15 Tonnen
Bewaffnung: 1 Bordkanone 77 mm, 1 Maschinengewehr

Ein russischer Marineinfanterist (einem US-Marine vergleichbar) posiert vor einem leichten Schwimmpanzer vom Typ PT-76. Dieser Kampfwagen wurde in viele Länder exportiert; die chinesische Armee stellte einen Nachbau unter der Bezeichnung Typ 60 oder Typ 63 in Dienst. *(Defense Visual Information Service)*

Das Bild zeigt das Innere des Turmes eines restaurierten leichten Schwimmpanzers PT-76, der sich im Besitz eines privaten Sammlers befindet. Sowjetische Hersteller fertigten von 1953 bis 1969 etwa 7.000 Kampfwagen dieses Typs. *(Michael Green)*

RUSSISCHE PANZER

Der Hauptkampfpanzer vom Typ T-62, bewaffnet mit der glattrohrigen 115 mm-Kanone als Hauptwaffe, war, mit einem neuen Turm ausgestattet, die verlängerte Variante des mittleren T-55-Panzers. Man wollte mit diesem Panzer die Bestände der schweren Panzer der Sowjetarmee ersetzen. *(Defense Visual Information Service)*

VORTEILE GLATTROHRIGER PANZERKANONEN
Panzerkanonen mit glatten Rohren besitzen einige Vorteile gegenüber solchen mit gezogenen Rohren. Sie können einen höheren Gasdruck der Treibladung verkraften, sind kostengünstiger herzustellen und sind nicht so schnell ausgeschossen. Mit der gleichen Treibladung wird in einem glatten Rohr eine höhere Mündungsgeschwindigkeit erreicht, da keine Energie durch das Einpressen der Geschossführungsringe in die Züge verbraucht wird, die sonst notwendig gewesen wäre, damit das Geschoss seinen Drall in einem gezogenen Rohr erhält. Weil die Projektile moderner Panzerkanonen durch entsprechende Flächen aerodynamisch stabilisiert werden, benötigen sie zur Stabilisierung keine Drehbewegung.

Gegenüberliegende Seite oben: Der Boden der Wanne diese irakischen T-62-Panzers ist durch eine innere Explosion zerbrochen und der Kampfwagen brannte aus. Diese Explosion hat auch den Turm blockiert. *(Defense Visual Information Service)*

Gegenüberliegende Seite unten: Es ist sehr kostspielig, Panzer nach wenigen Jahren zu ersetzen. Wie bei den meisten Armeen wurde auch in der Sowjetarmee die ältere Generation der Panzer kampfwertgesteigert, um sie im Dienst halten zu können. Der hier abgebildete T-62 hat eine zusätzliche Panzerung an der Turmvorderseite. *(R. Bazalevsky)*

RUSSISCHE PANZER

In den 1960er Jahren wurde der T-64 mit einer 125 mm-Kanone als Hauptwaffe als Hauptkampfpanzer in der Sowjetarmee eingeführt. Er hatte auch einen automatischen, d. h. mechanischen Lader, wodurch der Ladeschütze nicht mehr benötigt wurde. *(Tank Museum Bovington)*

Im Bild ist der Hauptkampfpanzer T-64 in einem Militärmuseum mit Elementen der explosiven Reaktivpanzerung an Turm und Wanne zu sehen. Der T-46 hatte ein Gewicht von etwa 46 Tonnen und konnte fast 76 km/h Höchstgeschwindigkeit erreichen. *(Bob Fleming)*

Im weißen Anstrich der Vereinten Nationen: ein T-72-Panzer russischer Herkunft. Er ist mit der 125 mm-Kanone bewaffnet und hat nur noch drei Mann Besatzung, weil der mechanische Lader den Ladeschützen ersetzt. *(Defense Visual Information Center)*

HAUPTKAMPFPANZER T-72
Länge bei nach vorn gerichteter Kanone: 9,53 m
Breite: 3,89 m
Höhe: 2,21 m
Gewicht: ca. 50 Tonnen
Besatzung: 3 Mann
Bewaffnung: 1 Kanone 125 mm, 2 Maschinengewehre

Die Aufnahme zeigt einen T-72 Panzer bei hoher Geschwindigkeit. Der Kampfwagen ist mit Elementen der explosiven Reaktivpanzerung bedeckt. Diese Elemente sollen Flugkörper oder Geschosse zur Panzerbekämpfung unwirksam machen oder ablenken. *(R. Bazalevsky)*

RUSSISCHE PANZER

Vom Hauptkampfpanzer T-72 verbleiben etwa 10.000 Kampfwagen in den Beständen der Armee der russischen Föderation. Als Lizenzbauten in fünf Ländern gefertigt, findet sich der T-72 in den Armeen von fast 30 Nationen. (*Tank Museum Bovington*)

Gegenüberliegende Seite oben: Der Hauptkampfpanzer vom Typ T-80 wurde in den 1980er Jahren zur Verwendung in der Sowjetarmee entwickelt. Diese Kampfwagen sind jetzt die Hauptkampfpanzer der Armee der russischen Föderation. Wie die Panzer vom Typ T-64 und T-72 ist er mit einer 125 mm-Kanone mit mechanischem Lader bewaffnet. (*Tank Museum Bovington*)

Gegenüberliegende Seite unten: Die Armee der Russischen Föderation verfügt noch über einen Bestand von 4.500 Kampfwagen des Hauptkampfpanzers vom Typ T-80. In geringeren Stückzahlen befindet sich der T-80 auch im Arsenal der Streitkräfte von Weißrussland und der Ukraine. (*Tank Museum Bovington*)

Panzer anderer Nationen

Panzer anderer Nationen

Die Konstruktion und der Bau von Panzern ist nur auf die führenden Industrienationen der „Ersten Welt" beschränkt, die willens und in der Lage sind, einen erheblichen Anteil an Zeit und Finanzkraft für ein Produkt zu investieren, das im Grunde genommen keinen praktischen Wert besitzt, außer dem, im Kriegsfall als Waffensystem zum Einsatz zu kommen und darüber hinaus fortlaufende Anstrengungen erfordert, es der laufenden technischen Entwicklung abzupassen, um es vor Veralterung zu bewahren. Das hat dazu geführt, dass einige Armeen Panzertypen von den „Großen Fünf", d. h. England, Frankreich, Deutschland, den USA und Russland, übernahmen oder in Lizenz nachbauten.

Während einige Armeen Panzertypen, die sie von den „Großen Fünf" übernahmen, modifiziert oder in Lizenz nachgebaut haben, entschlossen sich andere Länder, um von ausländischen Lieferungen unabhängig zu sein, eigene Panzertypen zu entwickeln und zu fertigen. Vor dem Zweiten Weltkrieg war in Europa die tschechische Industrie ein Schrittmacher für diesen Trend. Dort konstruierte und baute man eine Anzahl von leichten und mittleren Panzern, die bei verschiedenen Nationen vor und während des Zweiten Weltkrieges zum Einsatz kamen.

Vor dem Zweiten Weltkrieg gehörten die Japaner zu den größten Panzerproduzenten, da ihnen die Stoßkraft von Panzern an der Westfront in Europa während des Ersten Weltkrieges bewusst geworden war. Die japanische Armee beschaffte nach dem Ersten Weltkrieg sowohl britische als auch französische Panzer, um durch die Kopie von fremden Konstruktionselementen ihrer eigenen Panzerindustrie zu einem schnellen Aufbau zu verhelfen.

Mitte der 1920er Jahre hatte die japanische Industrie bereits hinreichende Erfahrungen gesammelt, um Entwicklung und Bau eigener Panzertypen in Angriff nehmen zu können. Bei Ausbruch des Zweiten Weltkrieges 1939 besaß die japanische Armee mehr als 2.000 Panzer und verfügte damit über die viertstärkste Panzerwaffe zu dieser Zeit, allerdings nur mit Abstand zu den russischen, französischen und deutschen Panzerarsenalen.

Während des Zweiten Weltkrieges wurde die japanische Industrie durch die Forderung, Schiffe und Flugzeuge bauen zu müssen, in starke Engpässe ver-

Vorhergehende Doppelseite: Die tschechische Rüstungsindustrie entschied sich nach dem Ersten Weltkrieg auf Grund ihrer Erfahrungen mit dem Lizenzbau von kleinen leichten Tanks nach britischen Entwürfen zum Bau von Panzern eigener Entwicklung. Der leichte Panzer LT-35 wurde 1937 in Dienst gestellt. *(Michael Green)*

setzt. Sie war dann nicht mehr in der Lage, bei Panzerentwicklungen mit anderen Nationen Schritt zu halten und fiel schnell sowohl in Qualität als auch in Quantität zurück.

Während der erste in Japan nach dem Zweiten Weltkrieg entworfene und gebaute Panzer, der als Hauptkampfpanzer Typ 61 bezeichnet wurde, noch stark in seiner Konstruktion an den mittleren US-M47-Patton-Panzer angelehnt war, entstand der nächste japanische Heerespanzer, der Kampfpanzer Typ 74, als eigenständig entworfener und gebauter Panzer. Die einzige Ausnahme an diesem Panzer war seine 105 mm-Kanone, die als britische Entwicklung in Lizenzfertigung in Japan hergestellt wurde. Als Ersatz für den Typ 74 wurde 1991 der Typ 90 in der japanischen Armee eingeführt. Wie der Typ 74 war auch der Typ 90 eine japanische Entwicklung und wurde auch in Japan gefertigt. Er ist allerdings mit der in Lizenzfertigung in Japan hergestellten und von Deutschland entwickelten 120 mm-Kanone bewaffnet.

Die Armee Israels blickt auf eine lange Geschichte der Anpassung von Panzern, die man aus unterschiedlichen Ländern – entwickelt und gefertigt von den „Großen Fünf" – beschaffte, um sie dann eigenen militärischen Forderungen anzupassen. Das war teilweise darin begründet, dass Israel als sehr kleines Land in der Vergangenheit keine finanziellen und industriellen Ressourcen besaß, um einen Panzer von Grund auf zu entwickeln und zu bauen.

Die Unzufriedenheit mit dem leichten Panzer LT-35 veranlasste die tschechische Armee, den leichten Panzer vom Typ LT-38 zu beschaffen, der 1938 eingeführt wurde. Beide Panzertypen hatten eine Besatzung von vier Mann und waren mit einer 3,7 cm-Kanone als Hauptwaffe bestückt. *(Patton Museum of Cavalry and Armor)*

PANZER ANDERER NATIONEN

Das änderte sich 1979, als die israelische Armee der Weltöffentlichkeit ihren neuen Kampfpanzer Merkava (Merkava ist das hebräische Wort für Wagen oder auch Kampfwagen aus dem Alten Testament) vorführte.

Ursprünglich mit der 105 mm-Kanone britischen Entwurfes bewaffnet, erhielten die späteren Versionen des Merkava als Hauptwaffe eine 120 mm-Kanone, die in Israel entwickelt und hergestellt wurde. Die einzige größere Komponente dieses Kampfwagens, die nicht aus Israel stammt, ist sein in den USA entwickelter und gebauter Dieselmotor.

Ein besonderes Merkmal des Merkava, das ihn zu einem Kampfwagen von besonderem Interesse macht, ist die Anordnung des Antriebsaggregats im Vorderteil der Wanne und des Turmes über dem hintern Teil der Wanne. Das ist das Gegenteil der traditionellen Raumaufteilung nahezu aller Panzer, die seit dem Ersten Weltkrieg entworfen und gebaut wurden, den Motor in den hinteren Bereich und den Turm über dem Mittelteil der Wanne zu platzieren. Die Entscheidung der israelischen Armee, den Motor in den vorderen Wannenbereich des Merkava zu verlegen, beruhte auf dem Vorrang, den man einem Maximum an Schutz für die Panzerbesatzung einräumte, die durch das vor ihr befindliche Antriebsaggregat einen weiteren Schutz erhielt.

Die Besetzung der Tschechoslowakei durch Deutschland im Jahr 1938 führte zur Auflösung der tschechischen Armee und zur Übernahme ihrer Ausrüstung und Bewaffnung durch die Wehrmacht. Im Bild ein tschechischer LT-38 mit deutschen Hoheitsabzeichen. *(Frank Schulz)*

Die Schweizer Armee beschaffte kurz vor dem Zweiten Weltkrieg eine in Lizenz gebaute, modifizierte Kopie des tschechischen leichten Panzers LT-38. Von der Schweizer Armee erhielt er die Bezeichnung Panzerwagen 39. *(Andreas Kirchhoff)*

LEICHTER PANZER LT-38
Länge: 4,55 m
Breite: 2,13 m
Höhe: 2,31 m
Gewicht: ca. 11 Tonnen
Besatzung: 4 Mann
Bewaffnung: 1 Kanone 3,7 cm, 2 Maschinengewehre

Für ungarische Heeresverbände wurde ein in Lizenz gebauter mittlerer Panzer tschechischen Entwurfes beschafft, den man während des Zweiten Weltkrieges „Turan" nannte. Bewaffnet mit einer 4,7 cm-Kanone, hatte er eine Besatzung von fünf Mann. *(Tank Museum Bovington)*

PANZER ANDERER NATIONEN

LEICHTER PANZER M-13/40
Länge: 4,93 m
Breite: 2,21 m:
Höhe: 2,35 m
Gewicht: ca. 15 Tonnen
Besatzung: 4 Mann
Bewaffnung: 1 Kanone 4,7 cm, 3 Maschinengewehre

Als bester italienischer Panzer erwies sich im Zweiten Weltkrieg der mittlere Panzer M-13/40, der mit einer 4,7 cm-Kanone bewaffnet war. In den Jahren von 1940 bis 1943 stellte die italienische Industrie 625 Kampfwagen vom Typ M-13/40 her. *(Christophe Vallier)*

1934 begann die Fertigung des leichten Panzers Typ 95 für die japanische Armee. Er war mit einer 4,7 cm-Kanone bewaffnet und hatte eine Besatzung von drei Mann. Bis 1945 fertigten die japanischen Hersteller mehr als 1.000 Kampfwagen dieses Modells. *(Michael Green)*

Die japanische Industrie war auch in der Lage, den leichten Panzer Typ 95 als Schwimmpanzer für die japanische Marine zu bauen. Diese benötigte ihn für ihre Marineinfanterie-Einheiten. Dieses Amphibienfahrzeug erreichte im Wasser eine Höchstgeschwindigkeit von 9 km/h. *(Patton Museum of Cavalry and Armor)*

PANZER ANDERER NATIONEN

Der schwere Panzer Typ 4 war die verlängerte und schwerere Variante des ursprünglichen mittleren Panzers Typ 97 der japanischen Armee. Er war bewaffnet mit einer 7,5 cm-Kanone. Nur sechs Kampfwagen dieses Modells wurden vor Ende des Zweiten Weltkrieges fertig gestellt. *(Patton Museum of Cavalry and Armor)*

Gegenüberliegende Seite oben: Der mittlere Kampfpanzer Typ 89 der japanischen Armee war mit einer 4,7 cm-Kanone bewaffnet. Dieser 13 Tonnen schwere Kampfwagen erreichte eine Höchstgeschwindigkeit von 26 km/h, hatte eine Besatzung von vier Mann und wurde 1934 in Dienst genommen. *(Richard Hunnicutt)*

Gegenüberliegende Seite unten: Als Ersatz für den mittleren Panzer Typ 89 der japanischen Armee erwies sich der mittlere Panzer Typ 97. Der hier abgebildete Kampfwagen ist ein spätes Exemplar dieser Serie und wurde als Typ 97 (spezial) bezeichnet. *(Richard Hunnicutt)*

PANZERTÜRME

Der Panzerturm steht auf einem ringförmigen Fundament, das Teil der Panzerwanne ist. Vom Richtschützen oder Panzerkommandanten kann der Turm durch einen Motor oder von Hand gedreht werden. Dieser Drehmechanismus überträgt die Seitenrichtung auf die im Turm eingebauten Waffen und ermöglicht damit der Panzerbesatzung, in jede Richtung zu schießen, wenn der Kampfwagen steht; bei neuen Modellen ist dies auch in Bewegung möglich. Die Panzerkanone als Hauptwaffe dreht sich mit dem Turm, wobei die Rohrerhöhung unabhängig von der Turmdrehung erfolgt.

Der erste Panzertyp, den die neue japanische Armee, nun als Selbstverteidigungskräfte bezeichnet, nach dem Zweiten Weltkrieg einführte, war der Hauptkampfpanzer Typ 61, von dem japanische Hersteller 500 Exemplare bauten. *(Mitsuo Yaguchi)*

Für den Hauptkampfpanzer Typ 74 der japanischen Selbstverteidigungskräfte begannen in den 1960er Jahren die Entwicklungsarbeiten. Er sollte den als Hauptkampfpanzer dienenden Panzer Typ 61 ersetzen und kam in den frühen 1970er Jahren in Fertigung. *(Mitsuo Yaguchi)*

HAUPTKAMPFPANZER TYP 61
Länge: 6,3 m
Breite: 2,94 m
Höhe: 3,15 m
Gewicht: ca. 38 Tonnen
Besatzung: 4 Mann
Bewaffnung: 1 Kanone 90 mm,
2 Maschinengewehre

Die japanischen Selbstverteidigungskräfte stellten 1991 den Hauptkampfpanzer Typ 90 mit einer Besatzung von drei Mann und der von Deutschland entwickelten 120 mm-Kanone als Ersatz für den Panzer Typ 74 in Dienst. (*Mitsuo Yaguchi*)

Konfrontiert mit dem Problem, sich von der Lieferung britischer Panzer unabhängig zu machen, war die australische Armee schon zu Anfang des Zweiten Weltkrieges bestrebt, einen Panzer aus eigener Fertigung zu erhalten. Der so entstandene Kampfwagen war der hier abgebildete Sentinel. (*Tank Museum Bovington*)

Zu Beginn des Zweiten Weltkrieges entwickelte und baute Kanada einen mittleren Panzer, der als „Ram" bezeichnet wurde und mit dem Fahrwerk des US-M3-Panzers ausgestattet war. *(Patton Museum of Cavalry and Armor)*

Hier verlässt ein Hauptkampfpanzer der Armee Südkoreas vom Typ K1, bewaffnet mit einer 105 mm-Kanone, ein Landungsboot der US Navy. Dieser Kampfwagen war eine US-Entwicklung, die in Südkorea gefertigt wurde. Er wurde 1985 in Dienst genommen. *(Defense Visual Center)*

Der Panzer 68 war eine schweizerische Entwicklung und mit einer 105 mm-Kanone britischer Konstruktion bewaffnet. Sein Motor war ein Dieselmotor deutschen Entwurfes und verlieh dem Kampfwagen eine Höchstgeschwindigkeit von 52 km/h. *(Andreas Kirchhoff)*

HAUPTKAMPFPANZER PANZER 68
Länge: 6,91 m
Breit: 3,16 m
Höhe: 2,74 m
Gewicht: ca. 43 Tonnen
Besatzung: 4 Mann
Bewaffnung: 1 Bordkanone 105 mm, 2 Maschinengewehre

Die schwedische Armee führte 1966 den turmlosen S-Panzer ein. Die Hauptwaffe dieses Kampfwagens mit drei Mann Besatzung war eine 105 mm-Kanone, deren Seitenrichtung durch die Drehung des gesamten Fahrzeuges erfolgte. *(Michael Green)*

PANZER ANDERER NATIONEN

Der amphibische Panzerjäger IKV-91 wurde 1975 bei der schwedischen Armee eingeführt und hatte die Aufgaben eines traditionellen Panzerspähwagens für die Gefechtsaufklärung wahrzunehmen. Mit einer Besatzung von vier Mann trug er als Hauptwaffe eine 90 mm-Kanone. *(David Marian)*

Dieses Muster eines früheren M1 Super-Sherman der israelischen Armee gehört zu einer Privatsammlung. Der Panzer war mit der alten 7,62 cm-Kanone aus dem Zweiten Weltkrieg bewaffnet, die nach Nachkriegsmaßstäben veraltet war. *(Michael Green)*

Eine der ersten Maßnahmen der israelischen Armee, um die Einsatzdauer ihres Bestandes an Sherman-Panzern zu verlängern, war unter anderem deren Bewaffnung mit der in Frankreich nach dem Zweiten Weltkriege entwickelten 75 mm-Kanone in einen modifizierten Sherman-Turm. So entstand ein Kampfpanzer vom Typ M50. *(Robert Manasherob)*

Als letzte Kampfwertsteigerung wurden Sherman-Panzer der israelischen Armee mit der in einem modifizierten Turm eingebauten und in Frankreich entwickelten 105 mm-Kanone bewaffnet. Diese Kampfpanzer erhielten die Bezeichnung M51. *(Israelische Armee)*

Das Rückgrat der Panzerwaffe der israelischen Armee bildete bis zum Sechstage-Krieg von 1967 gegen die arabischen Nachbarstaaten der in England entwickelte und gebaute Centurion-Panzer mit seiner 105 mm-Kanone. *(Robert Manasherob)*

Dieser in den USA entwickelte und gebaute mittlere Panzer M48 Patton befindet sich im Israeli Army Panzer Museum mit Kennungen der israelischen Armee und seiner ursprünglichen 90 mm-Kanone. Der Kampfwagen ist jedoch mit einem Dieselmotor ausgerüstet. *(Robert Manasherob)*

Als weiteren Schritt zur Kampfwertsteigerung wurde von der israelischen Armee der in den USA entwickelte und gebaute mittlere Kampfpanzer M48 Patton mit einer in England entwickelten 105 mm-Kanone bewaffnet, die hier im Bild zu sehen ist. *(Israelische Armee)*

Zur Auffüllung ihrer Verluste im Jom-Kippur-Krieg von 1973 erhielt die israelische Armee von den USA eine Anzahl von in Amerika entwickelten und gebauten Kampfpanzern M60. *(Israelische Armee)*

PANZER ANDERER NATIONEN

HAUPTKAMPFPANZER MERKAVA III
Länge: 7,60 m
Breite: 2,64 m
Höhe: 3,70 m
Gewicht: ca. 68 Tonnen
Besatzung: 4 Mann
Bewaffnung: 1 Bordkanone 120 mm,
3 Maschinengewehre

Die israelische Armee entschied sich in den frühen 1970er Jahren nach einigen Jahrzehnten der Sammlung von Erfahrungen in der Umrüstung und Anpassung von Panzern aus ausländischen Entwicklungen, zum Bau eines völlig neu entwickelten Panzers, der, wie oben erwähnt, den Namen Merkava erhielt. *(Robert Manasherob)*

Gegenüberliegende Seite oben: Zur Kampfwertsteigerung ihrer amerikanischen M60A1-Hauptkampfpanzer hat die israelische Armee deren Panzerung fortwährend abschnittsweise verstärkt. Hier ist die jüngste Innovation zu sehen: an Turm und Wanne wurde eine zusätzliche Panzerung angebracht. *(Robert Manasherob)*

Gegenüberliegende Seite unten: Die israelische Armee hat auch eine Anzahl erbeuteter T-54/55 Panzer russischer Bauart kampfwertgesteigert, indem deren ursprüngliche 100 mm-Kanone durch die 105 mm-Kanonen britischer Entwicklung ersetzt wurden. *(Robert Manasherob)*

REGISTER

A7V, dt. Sturmpanzerwagen 74 f.
Abrams, US-Hauptkampfpanzer 12, 17
AMR-33, leichter frz. Panzer 55
AMX-13, leichter frz. Panzer 51, 66 ff.
AMX-30, frz. Hauptkampfpanzer 51, 68–71
APFSDS (armor-piercing, fin-stabilized, discarding-sabot) 100
ATGM (Anti Tank Guided Missiles/Flugkörper) 12

Black Prince, brit. Panzer 35
Bordwaffen 36
BT-7, schneller russ. Panzer 149

Centurion, brit. Kampfpanzer 21 f., 39 ff., 43 f., 188
Centurion III, brit. Panzer 40
Challenger I, brit. Hauptkampfpanzer 46
Challenger II, brit. Hauptkampfpanzer 22, 46 f.
Char 2C, schwerer frz. Panzer 55
Char B1.bis, schwerer frz. Panzer 61 f.
Charioteer Tank Destroyer 39
Chieftain, brit. Panzer 22, 44, 46
Christie, J. W. 149
Churchill VII, brit. Panzer 34
Churchill, Winston L. S. 33
Comet, brit. Panzer (Cruiser-Klasse) 39
Conquerer, brit. Panzer 21 f., 43
Cruiser-Panzer (brit.)
    Comet 39
    Mark I 27 f.
    Mark IIA CS 28
    Mark IV 30
    Mark V (Covenanter) 31
    Mark VI (Crusader) 31

Drehstabfederung 12, 80

Estienne, Baptiste 54
Explosive Reaktivpanzerung (ERA) 12, 41, 46, 133, 168 f.

Fahrwerk 150, 184
FCM-36, leichter frz. Panzer 59
Federungssysteme 70
Firefly (brit. Panzerkanone) 36
Ford(werke) 106
Freiheitskämpfer Lenin, russ. Panzer 144

General Grant, US-Panzer 35

HEAT-Geschosse 102
Hohlladungsgeschosse 34, 102
Hornet, mittlerer brit. Panzer 24
Hotchkiss H-35, leichter frz. Panzer 57 f.
Hotchkiss H-39, leichter frz. Panzer 57 f.

IKV-91, schwed. Panzer 186
Independent, brit. Panzer 25
Infanterieunterstützungspanzer Mark IV 33
IS-2, schwerer russ. Panzer 143, 156
IS-3 Stalin, schwerer russ. Panzer 21, 126, 157

K1, südkorean. Hauptkampfpanzer 184
Kommunikationsmöglichkeiten 24
KW-1, schwerer russ. Panzer 152, 156
KW-2, schwerer russ. Panzer 153

Leclerc, frz. Hauptkampfpanzer 51, 71
Leclerc, J.-P. (Comte de Hautecloque) 51
Leopard I, dt. Hauptkampfpanzer 5, 76, 96, 98–101

Leopard II, dt. Hauptkampfpanzer 14, 17, 76, 101 ff.
Leuchtspur(geschosse) 130
Little Willie, brit. Panzer 20

LT-35, leichter tsch.-slowak. Panzer 174 f.
LT-38, leichter tsch.-slowak. Panzer 175 ff.

M1 Abrams-Panzer, US-Panzer 107, 134–139
M1 Super Sherman, israel. Panzer 186
M1A1 Abrams, US-Panzer 107, 136, 139
M1A2 SEP Abrams, US-Panzer 107, 137
M2A1, mittlerer US-Panzer 114
M2A2, US-Panzer 110
M2A4, US-Panzer 111
M3-Serie, US-Panzer
    leichter Panzer 111 f.
    mittlerer Panzer 9, 35, 114 f., 184
    Stuart, leichter Panzer 111 f.
M4 Sherman-Panzer, US-Panzer 11, 36, 62 ff., 68, 87, 106, 116 f., 121, 126, 158, 187
M4A1 Sherman, US-Panzer 63, 117 f.
M4A2 , US-Panzer 62
M4A3E2, US-Panzer 118
M4A3W(76), US-Panzer 119
M5 Stuart, US-Panzer 63, 111 ff.
M10C, US-Panzer 37
M-13/40, ital. Panzer 178
M18, US-Panzer 121
M22, US-Panzer 114
M24, US-Panzer 64, 113
M26 Pershing, US-Panzer 107, 122, 124
M26A1, US-Panzer 123
M36, US-Panzer 121
M41, US-Panzer 93, 125
M46, US-Panzer 107, 124
M47, US-Panzer 65, 68, 92, 107, 125, 175
M48, US-Panzer 93, 95, 107, 127, 129, 188 f.
M48A3, US-Panzer 127
M48A5, US-Panzer 129
M51, israel. Panzer 187
M551, US-Panzer 131 ff.
M60, US-Panzer 107, 127 f., 134, 143, 189
M60A1, US-Panzer 128, 130, 133 f., 191
M60A2, US-Panzer 131
M60A3, US-Panzer 129, 134
M103, schwerer US-Panzer 13, 107, 126 f.
M1917, US-Panzer 106 ff.
Mark (brit. Panzer)
    I, schwerer Panzer 20–24, 50
    I, leichter Panzer 26
    II, schwerer Panzer 22
    III, schwerer Panzer 23
    IV, schwerer Panzer 23
    V, schwerer Panzer 8, 23 f., 50, 143
    VI, leichter Panzer 26
    VIII 108
Matilda I, brit. Panzer 28
Matilda II, brit. Panzer 28, 30
Merkava, israel. Panzer 176, 191
„Mother", brit. Panzer (Prototyp Mark I) 20
Mündungsbremse 84, 89

„Neubaufahrzeug", dt. Panzer 78

Panzer 68, schweiz. Hauptkampfpanzer 185
Panzer I, dt. Panzer 74, 76 f.
Panzer II, dt. Panzer 74, 78 f.
Panzer III, dt. Panzer 74, 80 ff.
Panzer IV, dt. Panzer 74, 82, 84
Panzer V (Panther), mittlerer dt. Panzer 65 f., 75, 87 ff., 142
Panzer VI, siehe Tiger B bzw. E

Panzerabwehrmittel (-kanonen) 27, 34, 50, 75, 82, 142
Panzerketten 23, 42, 91, 109
Panzermunition 100
Panzerturm 181
Patton, George 126
PT-76, russ. Panzer 96, 164 f.

R-35, frz. Panzer 58
Ram, mittlerer kanad. Panzer 184
Rasanz 12, 85, 87, 91
Rauchabsauger 134
Rohre (glatte, gezogene) 88, 166
RPG (Panzergranate) 12
Rückstoßmechanismus 92

Saint Chamond (frz. Panzer) 50, 52 f.
Schneider, frz. Panzer 50 f., 53
Schwingtürme 67
Scorpion, brit. Panzer 44
Sentinel, austral. Panzer 183
Shillelagh (Granate) 131 f.
SK-105 Kürassier, österr. Panzer 67
SMK, schwerer russ. Panzer 151
Somua S-35, frz. Panzer 59 f.
S-Panzer, schwed. Panzer 185

T3, US-Panzer 109
T-10, russ. Panzer 163
T-18, russ. Panzer 145
T-26, US-Panzer 145 f., 149
T-28, russ. Panzer 150
T-29, russ. Panzer 123
T-34, russ. Panzer 75, 143
T-34/76, russ. Panzer 142, 153, 155
T-34/85, russ. Panzer 95, 143, 154 ff.
T-35, russ. Panzer 151
T-37, russ. Panzer 147
T-50, russ. Panzer 149
T-54, russ. Panzer 143, 158 ff.
T-54/55, russ. Panzer 143 f., 162 f., 191
T-55, russ. Panzer 95, 143, 161 f., 166
T-59, russ. Panzer 162
T-60, russ. Panzer 147
T-62, russ. Panzer 143 f., 166
T-64, russ. Panzer 144, 168, 170
T-70, russ. Panzer 148
T-72, russ. Panzer 5, 14, 96, 144, 169 f.
T-80, russ. Panzer 144, 170
T-90, russ. Panzer 144
Tarnanstriche 28, 30, 41, 44, 127
Tetrarch VII, brit. Panzer 32
Tiger B (Panzer VI/Tiger II), dt. Panzer 75, 91
Tiger E (Panzer VI/Tiger I), dt. Panzer 85 ff., 91
Treibspiegelgeschosse 100
Typ 4, jap. Panzer 181
Typ 60, chin. Panzer 165
Typ 61, jap. Panzer 175, 182
Typ 63, jap. Panzer 165
Typ 69-11, chin. Panzer 161
Typ 74, jap. Panzer 175, 182 f.
Typ 85 II, chin. Panzer 163
Typ 89, jap. Panzer 181
Typ 90, jap. Panzer 175, 183
Typ 95, jap. Panzer 179
Typ 97, jap. Panzer 181

Valentine III, brit. Panzer 32
Vijayatana, brit. Panzer 43

Wärmebilderfassungssysteme 138
Whippet, brit. Panzer 24, 142

192